호모매지쿠스
마술적 인간의 역사

호모매지쿠스
마술적 인간의 역사

오은영 지음

그림 속으로 들어간 마술사들

북산

그림 속으로
들어간
마술사들

　마술이 대중화 된 것은 그리 오래되지 않았다. 십오 년 전, 내가 처음 마술을 배우기 시작할 때만 해도 마술은 사람들의 인기를 누리는 관심의 대상이 아니었으며, 여자 마술사는 정은선 선생님밖에 없었다. 좋아서 선택한 일이라지만 어려운 환경을 극복하는 일은 만만치 않았다. 내게 쏠리는 시선도 그렇지만 무거운 마술 장비를 들고 다니거나 소소한 도구 하나까지 내 손으로 만들어 써야 하는 일들은 생각했던 것 이상으로 힘들고 지난한 길이었다. 무엇보다 쇼를 위해 갖추어야 하는 기술적인 부분들은 반복적인 연습과 선배들의 조언을 구해 터득할 수 있었지만, 마술에 대한 이론적인 공부는 늘 부족하다고 생각했다. 마술사가 공연만 잘하면 되지 뭐가 더 필요할까 싶기도 하지만, 세상 모든 일에는 근원과 역사가 있고, 그걸 증명할 수 있는 체계가 정립되어야 하는데, 무대 위에서 보여주는 것에만 골몰하다보니 뭔가 아쉽고 허전할 수밖에 없었다.

　마술을 가르쳐주는 책들은 많지만, 역사와 문화를 설명한 교양서는 찾기가 어려웠으며, 국내에 번역되어 소개된 책으로는 『제임스 랜디의 마술이야기』가 유일했다. 한참을 고민하다가 마술 책을 일반인들의 교양서로 다뤄보면 어떨까 라는 생각을 하게 되었다. 마술의 역사와 문화를 다룬 책이 희소한 만큼 마술 교양서로서 가치는 충분할지도 모른다는 생각이 들었다.

'명화 속에 나타난 마술'로 원고의 주제를 잡았지만 인류의 역사를 아우르는 명화에 대해서는 전문적인 지식이 부족했기 때문에 원고 작업에 난항이 계속 되었다. 그러던 중 일반인들을 대상으로 명화를 알기 쉽게 강의하는 미술 해설가 윤운중 선생님에게 도움을 청하게 되었다. 루브르 박물관에 무려 천 번이나 갔을 만큼 열정적인 윤 선생님의 강의를 들으니 마술의 역사적, 사회적 관계들이 보이기 시작했다. 명화와 그림 속에 감춰진 마술의 역사를 통해서 인간의 욕망과 과학의 변천사까지 이해하는 과정은 멀고 힘들었지만, 비로소 내 마술의 뿌리가 어디서부터 시작되었는지 알게 되어 마술사로서의 자부

심이 더 커졌다. 마술은 단순한 오락이고 쇼로 비춰지기 일쑤지만 역사를 한층 더 깊숙이 들여다보면, 마술을 통해 한 시대를 살아가는 사람들의 일상생활, 상식, 나아가 사상을 읽어낼 수 있다. 오늘을 사는 사람들에게는 따스한 위로와 감동이 되고, 내일을 준비하는 이들에게는 꿈이 현실이 되는 마법이 일어날 수 있음을, 이 책을 통해서 알게 될 것이다.

원고와 씨름할 수 있도록 끝까지 도움을 주고 독한 잔소리를 아끼지 않은 도서출판 북산의 김보현 팀장님께 무한 감사를 드린다. 부족한 글이지만 관심 있게 이 책을 읽어가며 좋은 책이 될 수 있도록 조언을 아끼지 않았던 유지 야스다(안성우) 교수님, 최현우 마술사, 강형동 교수님, 렉저노트 김정명 회장님께 감사드린다. 출간을 앞두고 가장 안타까운 것은 얼마 전 윤운중 선생님의 부고 소식을 듣게 된 것이다. 병마와 싸우고 계시다는 소식에 간절히 쾌유를 빌며 이 책을 꼭 보여드리고 싶었는데, 갑작스러운 소식을 듣게 되니 너무나 안타

깝다. 이 책을 시작할 수 있도록 큰 도움을 주신 윤운중 선생님께도 진심으로 감사한 마음을 전한다.

내 마술이 어지럽고 힘든 세상을 살아가는 모든 이들에게 마법 이상의 힘이 되길 바라지만, 마술과 마법도 결국 본인의 긍정적인 의지와 에너지의 표현에서 비롯되는 것이다. 도토리 한 알이 큰 숲을 만들 듯, 이 책을 읽는 모든 이들이 긍정적인 열정과 노력으로 작은 목표에 한 걸음씩 올라서며 자신의 꿈을 마법처럼 이뤄내길 바란다.

오은영_마술사

호모매지쿠스,
그림이 전하는
마술하는 사람들의
이야기

　근현대의 지식인들은 현생 인류의 본질적인 특징을 여러가지 분류를 통해 규정해왔다. 스웨덴의 식물학자 칼 폰 린네(Carl von Linné)는 현생 인류를 생각하는 인간이라는 뜻의 호모사피엔스(Homo Sapiens)로 규정했고, 문화학자인 네덜란드의 요한 호이징아(Johan Huizinga)는 놀이하는 인간이라는 뜻의 호모루덴스(Homo Ludens)로, 프랑스의 철학자 앙리-루이 베르그송(Henri-Louis Bergson)은 기술적 인간이라는 뜻의 호모파베르(Homo Faber)라는 핵심어를 통해 인간의 특징을 강조했다.

　이 책에서는 다양한 인간의 특징 중에서도 역사적으로 인간의 삶과 밀착해 온 '마술'을 강조하기 위해 호모매지쿠스(Homo Magicus)라는 용어를 제안한다. 독자의 오해를 피하기 위해 이 책이 마술사에 관한 연대기라든지, 다양한 마술의 원리를 풀어 내기 위해 쓰여진 것이 '아님'을 미리 일러둔다. 굳이 '호모매지쿠스'라는 새로운 조어를 통해 마술 이야기를 하려는 이유는 마술이 고대 문명 이래 정치적인 영역부터 일상생활 저변에 이르기까지 인류의 존재양식이었다는 점을 이야기하기 위해서이다. 즉 마술은 인간의 삶 그 자체였고 인간은 마술적인 삶을 줄곧 살아 왔다.

따라서 마술은 인류 역사의 주변이 아니라 핵심에 자리하고 있다. 고대에 정치적인 힘을 발휘했던 주술부터 20세기 대중오락으로 진화한 마술쇼까지 마술은 정치, 사상, 학문, 예술, 상업, 오락, 일상생활, 개인의 내면에 걸쳐 다양한 모습으로 인간의 삶에 관여해 왔다. 마술의 이러한 다양한 모습은 인간사의 모순적인 모습들과도 닮아있어 자연과 초자연, 정치와 종교, 이성과 비이성을 넘나드는 모호한 사회적, 철학적 경계를 가장 극명하게 보여준다.

그럼에도 불구하고 마술하는 인간, 즉 이 책에서 '호모매지쿠스'라고 부르는 인간의 존재양식은 마술계에서도, 인문학적인 연구에서도 그간 크게 주목되지 않았던 부분이다. 대중적인 마술사로서 오랜 시간 커리어를 쌓아왔던 내가 갑작스럽게 펜을 들게 된 것은 바로 이 때문이다. 많은 사람들이 생각하는 것보다 마술이 우리들의 삶과 훨씬 밀착되어 있다는 점을 이야기하고 싶었다. 물론, 어떻게 하면 이러한 이야기를 훨씬 효과적으로 전달할 수 있을까에 대한 고민이 컸다. 그때 내가 떠올린 것은 바로 그림이었다.

역사적으로 사람들은 다양한 기록을 남겨왔다. 이미지를 통해 삶과 철학을 표현하는 회화도 그 중의 하나이다. 명화뿐 아니라 각종 공문서나 출판물, 인쇄물의 판화, 삽화 등은 역사적으로 다양한 얼굴로 진화해 온 마술을 사실적이거나 상징적으로 기록하는 한편, 마술에 대한 동시대의 인식을 드러낸다는 점에서 중요한 사료적 가치를 지닌다. 마술의 역사, 아니 인간의 역사를 그림을 통하여 되짚어 보는 동안 나는 무대 위의 마술쇼만으로 한정할 수 없는 인간의 여러가지 마술적 특징들을 해명할 수 있게 되었다.

이러한 개인적인 경험과 그간의 고민을 밑바탕으로 나는 이 책에서 그림을 통해 보는 마술적 인간의 삶에 대해서 이야기해 보고자 한다. 이 책에서 살펴볼 다양한 그림들은 독자들에게 마술의 여러가지 성격과 종류뿐 아니라, 마술의 개념과 마술에 대한 인식이 변화하는 역사상을 생생하게 보여줄 것이다. 제1장에서 밝힐 마술과 기술, 과학에 관한 이야기에서는 종교적 세계관이 지배하던 시대의 마술을 시작으로 근대에 과학주의가 들어서고 기술이 발달함에 따라 변화해 가는 마술의 개념에 대해 짚어볼 것이다. 마술의 사회성을 권력과 식민주의라는 키워드를 통해 살펴 볼 제2장에서는 마술쇼를 둘러싼 오리엔탈리즘과 식민지 통치 기술로서의 마술 등 이제까지 많이 조명되지 않았던 마술의 정치적 측면을 역사적으로 유명한 마술사의 이야기를 빌어 전하려고 한다. 제3장은 마녀부터 심령술까지 마술적 세계에 관여했던 여성들의 이야기이다. 마술은 남성의 전유물이라는 편견이 그야말로 '편견'이라는 것을 밝히기 위해 여성의 마술적 능력을 경계해 온 사회적 통념이라든지, 거꾸로 그러한 통념을 이용해 세상을 발칵 뒤집어 놓았던 여성들의 이야기를 보여줄 것이다. 마지막 제4장은 예술과 오락의 한 장르이자 다른 장르와 많은 영감을 주고 받았던 마술 이야기로 꾸며 보았다. 오늘날의 상업화된 마술쇼와는 다르게 소도구를 이용해 일상적으로 행해지던 마술부터 20세기 비판적 예술사조를 통해 주제화된 마술 이야기까지, 마술의 변화무쌍한 얼굴들을 살펴보고자 한다.

물론, 마술은 변화무쌍하게 변화해가는 과정에서도 인간의 역사와 늘 함께 해왔다. 내가 이 책을 통해 전달하고 싶은 단 하나의 메시지가 있다면 바로 그것이다. 마술은 당신과 늘 함께 해 왔으며 당신이 꿈을 꾸는 한 그 마술은 계속 될 것이라고. 당신도 호모매지쿠스이다. 지금부터 마술적 인간의 삶을 추적해 보자.

마술과 기술,
초자연과 과학사이

12

마술과
식민주의

목차

13

마술과 섹슈얼리티, 매혹적인 여자들

14

마술쇼, 기상천외한 예술과 오락의 계보

chapter. I
마술과 기술, 초자연과 과학 사이

01

마술 *magic* 과 마술사 *magician*
어원이 되는 마기

동방박사가 마술사?

마술사의 기원, 마구스(Magus)

영어에서 'magic'은 매우 복합적인 의미를 가진 개념이다. 옥스포드 영어사전에 따르면, 'magic'은 '영적 존재를 불러올 수 있는 힘 혹은 자연법칙을 지배하는 주술적 과정을 일으키는 능력을 통해서 일련의 사건에 영향을 주거나 신체적으로 기적적인 현상을 일으키는 것처럼 꾸며내는 기술'을 가리킨다.

이러한 사전적 정의만으로는 영적 존재의 소환이라든지 자연현상을 통제하는 인간의 능력이 실제로 인류의 역사 속에서 긍정되었는가에 대답하기는 쉽지 않다. 그만큼 'magic'은 역사적으로도 모호하거나 논쟁적인 형태로 지속되어 온 문제이다.

중세시대의 자연마술(natural magic)처럼 역사적으로도 그러한 능력이 실제로 존재한다고 믿고 자연의 법칙을 습득하기 위한 학문으로 자리잡은 사례가 있는가 하면, 그러한 마술적 능력을 부정하는 가운데 주술이나 초자연적 현상이 속임수에 지나지 않는다고 주장한 사례도 수없이 많다. 마술이 'sorcery:마법 혹은 요술', 'conjuring: 마술 묘기' 등의 뜻을 모두 포함하는 이유도 역사적으로 다양하게 변천해 온 마술에 대한 시대적인 가치관이나 인식의 차이 때문이다. 마술사 개인의 주술적인 힘을 인정한다면 마술은 sorcery에 더 가까울 것이요, 그러한 능력이 단순히 초자연적이거나 기적적인 것처럼 보이도록 하는 속임수일 뿐이라고 주장한다면 마술은 'conjuring' 의 뉘앙스를 띄게 될 것이다.

따라서 우리가 흔히 이야기하는 마술은 한가지로 정의할 것이 아니라 역사적, 사회적인 조건에 따라 달라져왔다는 사실에 주목할 필요가 있다.

특히 인간이 거대한 자연과 초월적 신 사이에서 얼마만큼의 능력을 가질 수 있는지에 대한 의문은 마술을 정의하는 데 가장 근본적인 문제였다. 인간이 자연을 창조하고 주관하는 신을 모방하는 데 지나지 않았다면 마술은 그저 기적을 흉내 내는 잔기술에 지나지 않을 것이며, 신의 섭리와 자연법칙을 깨우쳐 그 능력을 계발한다면 마술이 일종의 학문, 특히 과학으로 분류될 수 있을 것이다. 인간이 신을 강제적으로 불러온다거나 영적 존재 못지않은 기적을 행한다면 마술은 인간의 무한한 힘을 믿게 하는 증표이며, 권력의 근거가 되기도 했다.

오늘날의 마술사는 신기한 기술을 선보이며 사람들에게 경이와 즐거움을 선사하는 사람으로 인식되고 있다. 그러나 인간이 가진 능력의 한계치에 대한 오랜 의문을 바탕으로 층층이 퇴적되어 온 '마술의 역사'를 제대로 알고 들여다본다면 오늘날 우리가 가지는 마술사에 대한 이미지가 그 표면에 머물러 있음을 알게 될 것이다. 따라서 마술을 제대로 이해하고자 한다면, 다시 말해서 우리가 생각했던 것 보다 더 오랜 시간동안 인간의 역사와 함께해온 마술의 변천사를 알고자 한다면 인류의 역사와 함께해온 퇴적층 깊숙이 들어가 볼 필요가 있다.

마술이라는 뜻의 영어개념 'magic'으로 되돌아가 그 어원을 살펴보면 퇴적층의 심연이 드러난다. 'magic'은 '마구스(magus)'라는 고대 페르시아의 사제 계급을 가리키는 용어로부터 파생되었다. '마구스'의 복수형 '마기(magi)'는 기원전 7세기 메소포타미아 지방의 메디안(Median)의 한 부족의 이름이었다가 기원전 6세기부터 조로아스터교의 세속되는 사제계급으로 정착되었다. 이들은 주로 점성술과 신비한 힘 등 신학적인 지식과 능력을 가진 성직자이자 지식인 계급이었다고 할 수 있다.

오늘날 일반적으로 쓰이는 '마술(magic)'과 '마술사(magician)'

〈세명의 동방박사〉
6세기, 라베나, 산아폴레나누우보성당

의 어원이 되는 이 '마기'는 놀랍게도 우리에게 꽤나 익숙한 존재다. '마기'라는 용어 자체는 낯설지 몰라도 동방박사는 익숙하지 않은가?

기독교 신자 여부와 관계없이 어느 누구나 예수의 탄생을 축하하러 간 세 명의 동방박사 이야기를 들어본 적이 있을 것이다. 바로 이 동방박사가 성서에서 '마기'라고 표기되어 있는 존재들로, 고대의 마술사들이 어떤 모습이었는가를 짐작하게 해 주는 중요한 단서를 제공한다.

마태복음 2장 1~12절에 동방박사, 즉 '마기'들에 대한 기록이 등장한다.

"헤롯왕 때에 예수께서 유대 베들레헴에서 나시매 동방으로부터 박사들이 예루살렘에 이르러 말하되, 유대인의 왕으로 나신 이가 어디 계시뇨 우리가 동방에서 그의 별을 보고 그에게 경배하러 왔노라하니 헤롯왕과 온 예루살렘이 듣고 소동한 지라. 왕이 모든 대제사장과 백성의 서기관들을 모아 그리스도가 어디서 나겠느뇨 물으니 가로되 유대 베들레헴이오니 이는 선지자로 이렇게 기록된 바, 또 유대 땅 베들레헴아 너는 유대 고을 중에 가장 작지 아니 하도다 네게서 한 다스리는 자가 나와서 내 백성 이스라엘의 목자가 되리라 하였음 이니이다. 이에 헤롯이 가만히 박사들을 불러 별이 나타난 때를 자세히 묻고, 베들레헴으로 보내며 이르되 가서 아기에 대하여 자세히 알아보고 찾거든 내게 고하여 나도 가서 그에게 경배하게 하라. 박사들이 왕의 말을 듣고 갈새 동방에서 보던 그 별이 문득 앞서 인도하여 가다가 아기 있는 곳 위에 머물러 섰는지라. 저희가 별을 보고 가장 크게 기뻐하고 기뻐하더라. 집에 들어가 아기와 그 모친 마리아의 함께 있는 것을 보고 엎드려 아기께 경배하고 보배합을 열어 황금과 유향과 몰약을 예물로 드리니라. 꿈에 헤롯에게로 돌아가지 말라 지시하심을 받아 다른 길로 고국에 돌아가니라."

마태복음의 내용에 따르면 마기들은 동방에서 왔고 별 자리를 통해 예수의 탄생과 그 위치를 읽어냈으며 황금과 유향, 몰약 등 상징적인 물건을 선물해 예수를 경배했다고 쓰여져 있다. 동방은 과연 어디일까? 후대의 성서학자들은 마기의 출신지를 바벨론, 즉 티그리스강과 유프라테스강 사이의 고대도시로 추정한다. 오늘날 이라크에 해당하는 지역이다.

그렇다면 내비게이션은커녕 변변한 교통수단도 없던 시대에 세 명의 마기들 즉 동방박사는 어떻게 그 먼 곳까지 올 수 있었을까? 이들을 이스라엘의 베들레헴까지 안내한 것은 바로 별이었다.

마기들은 별 자리를 읽어 사람의 출생이나 죽음을 예견하고 천체현상과 연결된 운명을 예지할 수 있다는 사실을 알 수 있으며 이를 통해 마기가 점성술에 능했음을 암시한다. 많은 사람들은 마기들이 성경의 예언에 근거해 예수의 출생을 알게 된 것으로 알고 있지만 실제로 이러한 근거를 통해서 이방인으로서 그들이 의지한 지의 원천은 오로지 별이었음을 알 수 있다.

성경에는 동방박사에 대한 또 한가지 흥미로운 이야기가 기록되어 있다. 마기가 예수를 경배하기 위해 황금과 유향, 몰약을 바치는 장면이 있다. 이 세 가지 예물의 의미에 대하여 후대 학자들은 의견이 분분하나 대체적으로 그 의미는 다음과 같이 압축된다. 황금은 오늘날과 마찬가지로 귀중품 중에서도 으뜸이기 때문에 왕권을 상징하며 향료인 유향은 신과 교통할 수 있는 제사장을 상징하며 마지막으로 상처에 바르는 몰약은 죽음이나 고통을 상징한다는 것이다. 역사를 기록하는 사료적인 측면에서 성경을 읽고 상징하는 내용이 현실과 일치하는가를 증명하기란 참으로 어려운 일이다. 또한 실제로 세 가지의 예물이 그런 의미를 지녔을 것이라고 확신하는 것 또한 어려운 일이다.

그러나 적어도 마기라 불렸던 동방박사가 고대에 귀중품을 손에 넣을 수 있는 유력한 계급이었다는 점, 신과 교통하거나 사람을 치료하는 약품을 가지고 다녔던 주술적, 치유적 존재였다는 것을 짐작할 수 있다.

마기는 신과 인간 세계를 중재하는 가운데 신의 섭리를 인간에게 전하고 미지의 세계를 현시하는 매개자로서 역할을 했다. 특히 종교

〈동방박사의 경배〉
산지오 라파엘로, 1053, 바티칸 미술관

가 곧 정치인 고대사회에서 어느 정도의 권력과 현자(賢者)로서의 명
망을 누렸을 것이다. 성경에 등장하는 마기의 영어 번역어 '현자
(wise men)'나 한글 번역어 '박사'는 그런 면에서 적합한 용어라고
볼 수 있다. 때문에 별을 통해 신과 교통하고 자연의 일부인 사람의
신체를 치유하는 존재로서 동방박사는 당대에 가장 뛰어난 사람으로
인식되고 학식을 갖춘 사제로 알려졌을 것이다.

그러나 모든 마기들이 현자로서 추앙받았던 것은 아니다. 동방박
사처럼 점성술을 통해 신의 섭리를 인간의 지식으로서 이어주며 매
개자 역할을 하려고 했던 마기가 있었던가 하면, 매개자에 그치지 않
고 능력을 최대한으로 끌어올려 스스로 기적을 행하고자 했던 마기
도 있었다. 사도행전에 등장하는 마술사 시몬(Simon)은 신을 능가하
고자 했던 겁없는 마구스 중에 하나였다.

"그 성에 시몬이라 하는 사람이 전부터 있어 마술을 행하여 사마리아 백
성을 놀라게 하며 자칭 큰 자라 하니, 낮은 사람부터 높은 사람까지 다 청
종하여 가로되 이 사람은 크다 일컫는 하나님의 능력이라 하더라. 오랫
동안 그 마술에 놀랐으므로 저희가 청종하더니 빌립이 하나님 나라와 및
예수 그리스도의 이름에 관하여 전도함을 저희가 믿고 남녀가 다 세례를
받으니 시몬도 믿고 세례를 받은 후에 전심으로 빌립을 따라다니며 그

나타나는 표적과 큰 능력을 보고 놀라니라. 예루살렘에 있는 사도들이 사마리아도 하나님의 말씀을 받았다 함을 듣고 베드로와 요한을 보내매, 그들이 내려가서 저희를 위하여 성령받기를 기도하니 이는 아직 한 사람에게도 성령 내리신 일이 없고 오직 주예수의 이름으로 세례만 받을뿐이러라. 이에 두 사도가 저희에게 안수하매 성령을 받는지라. 시몬이 사도들의 안수함으로 성령 받는 것을 보고 돈을 드려 가로되 이 권능을 내게도 주어 누구든지 내가 안수하는 사람은 성령을 받게 하여 주소서하니 베드로가 가로되 네가 하나님의 선물을 돈 주고 살줄로 생각 하였으니 네 은과 네가 함께 망할지어다. 하나님 앞에서 네 마음이 바르지 못하니 이 도에는 네가 관계도 없고 분깃될 것도 없느니라. 그러므로 너의 이 악함을 회개하고 주께 기도하라 혹 마음에 품은 것을 사하여 주시리라. 내가 보니 너는 악독이 가득하며 불의에 매인바 되었도다. 시몬이 대답하여 가로되 나를 위하여 주께 기도하여 말한 것이 하나도 내게 임하지 말게 하소서 하니라."

사도행전 8장 9~24절에 등장하는 시몬의 이야기에 따르면 사마리아 사람인 시몬은 하나님의 권능을 돈으로 사고자 하여 사도 베드로를 노하게 했다. 원래 마구스 시몬은 기독교의 한 분파인 영지주의(Gnosticism)의 선구자로, 영지주의는 정통기독교에서 이단시 되었던 분파 중 하나이다. 영지주의는 믿음보다는 앎을 통해 구원을 얻고자 했으며, 인간이 그 앎을 통해 정신적으로 자유로운 상태에 이르면 창조주와 같은 신적인 상태에 다다를 수 있다고 주장했다. 때문에 인간의 능력을 창조주와 동일시하거나 넘어서기 보다는 그 권능 앞에 순응하고 따를 것을 강조하는 정통 기독교의 가르침과 갈등할 수밖에 없었다.

　오랫동안 기독교가 득세하고 있던 서구 세계에서 시몬에 대한 평가는 긍정적일 리 만무하다. 특히 여러 예술작품에서 이단적인 영지주의의 아버지 격인 시몬이 베드로행전에서 흑마술(black magic)을 부리는 마술사로 그려지는 배경 또한 정통과 이단의 이분법적인 구별을 통해 당위성을 확보하려는 기독교 중심적인 세계관이 자리를 잡아왔기 때문이다. 르네상스가 한창이던 15세기에 이탈리아에서 활동했던 두 화가의 그림을 통해서도 이 같은 세계관을 들여다 볼 수 있다. 마술사 시몬의 이야기를 그림으로 그린 두 작품은 모두 공중부양을 한다고 알려졌던 시몬의 이야기를 비극으로 그리고 있다.

　성당의 제단에 장식할 목적으로 네 편의 서로 다른 에피소드를 그린 베노초 고촐리(Benozzo Gozzoli)의 〈시몬의 추락〉은 제단화 연작 중 한편이다. 그림의 아랫쪽 중앙 부분에는 시몬이 네로 황제 앞에 끌려와 바닥에 엎드려 있는 모습이 그려져 있으며 오른 쪽의 사도 베드로는 시몬을 공중으로 끌고 갔던 악마를 쫓아내고 있다.

시몬이 악마와의 관계를 통해 공중부양을 시도했다는 기독교적 믿음은 야코벨로 델 피오레(Jacobello del Fiore)의 제단 그림 〈시몬의 추락〉에도 잘 나타난다. 그림의 윗부분에는 악마의 형상과 시몬이 하늘에서 추락하는 모습이 보이며 오른쪽에는 사도 베드로와 바울이 무릎을 꿇고 앉아 기도하는 자세를 취하고 있다.

두 그림 모두 시몬이 악마의 힘을 빌어 공중부양을 선보였다는 내러티브를 표현한 것에서 알 수 있듯이 르네상스 시대에도 여전히 기독교적인 세계관이 지배하고 있었으며 이러한 세계관에 의해 마구스 혹은 마기가 악마와의 관계를 바탕으로 한 흑마술과 연계되었음을 알 수 있다. 초기 기독교에서 중세를 거치면서 이단적 분파나 종교가 악마화의 대상이 되면서 이단자 마술사 시몬도 15세기 무렵에는 악마에 매달린 채로 재등장하게 된 것이다.

마구스의 역사에는 현자에서 악마에게 영혼을 팔아 넘긴 사기꾼까지 많은 우여곡절이 있었다. 역사의 한 장면에서 마구스가 어떻게 받아들여졌는가는 단순히 마구스 개인의 능력 여하에 달린 것은 아니었으며, 특정한 시대상이나 가치관과 맞물려 재단되는 것이었다. 인간의 능력은 어디까지인가, 신을 뛰어넘을 수 있는가, 인간의 신비한 능력이 종교적 믿음을 따르고 있는가 등의 문제가 마구를 선구자로 여기거나 마구스를 둘러싼 가치판단의 근거가 되었다.

그 멀고 먼 마술사의 조상님, 동방박사들은 지금의 마술사들과 전

■ ⟨시몬의 몰락⟩
베노초 고촐리, 1461~2, 런던, 햄프턴 궁전

혀 다른 존재인 것처럼 보인다. 오늘날의 마술사들은 더 이상 현자로 취급받지도, 악마와의 관계를 의심받지도 않는다. 단지 타고나거나 숙련된 속임수나 기술의 수준으로 평가받으며 즐거움을 선사하는 대상으로서 관객들에게 인정받고 있다. 그러나 오늘에 이르기까지 마술의 역사를 거대한 퇴적층으로 봤을 때 그 퇴적층을 하나로 관통하는 질문이 있다. 바로 마술사는 과거부터 현재까지 신기하거나 비합리적인 것처럼 보이는 현상들을 만들어내는 사람이라는 것이다.

〈시몬의 파멸〉, 야코벨로 델 피오레, 14세기, 덴버, 아트뮤지엄

현대의 마술사가 마구스와는 시대적으로 다른 관점과 해석이 붙는다고 해도 이러한 질문은 어느 시대이든 변하지 않는 진리였으며 지금도 유효한 것임을 간과해서는 안 된다.

신기하거나 비합리적인 것처럼 보이는 어떤 현상을 만들어낸다는 것은 단순한 거짓말이라기보다는 그러한 현상을 만들어내고 재현하는 창조적인 작업이다. 그런 면에서 오늘날의 마술사들도 인간의 능력과 지력의 범위에 대해 끊임없이 고민하고 도전하고 있다.

세계에서
가장 오래된 직업
마술

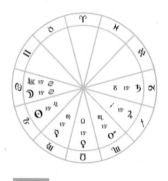

테마 문디는 헬레니즘 점성술에서 사용되는 신화적인 천궁도로 기원전 2세기부터 헬레니즘 이집트와 지중해 연안에서 발전 했다.

흔히 세계에서 가장 오래된 직업은 매춘이라고 일컬어진다. 이에 못지 않게 오랜 역사를 자랑하는 직업이 바로 마술이다. 게다가 마술은 관객 앞에서 일정한 쇼를 선보이는 공연예술로서는 가장 오래된 역사를 자랑한다. 고대에는 미래를 예언하는 능력을 마술이라 일컬었으며, 기원전 고대 벽화에서 동물 뼈를 이용해 점을 치는 모습을 통해 마술의 기원을 짐작해 볼 수 있다.

그러나 속임수의 오락으로서 우리가 흔히 생각하는 것과 같은 마술의 기원은 고대 이집트이다. 기원전 2,600년경 고대 이집트의 묘에 컵과 공의 트릭을 묘사한 상형문자 그림이 그려져 있다. 단순한 놀이로 보는 몇몇 학자들에 의해 아직 논쟁의 여지가 있으나 마술은 문명의 발생과 그 시작점을 같이 하고 있으며 오락적인 요소로서도 함께 발전해 왔다는 것을 유추해 볼 수 있다.

연금술의 창시자로 알려진 헤르메스 트리스메기토스와 양극
을 통일시키는 신성한 불

기원전 1,700년 경에 작성
된 것으로 보이는 민화 기록
일명 『웨스트카 파피루스』에
는 고대 마술에 대한 한층
생생한 이야기를 담겨 있다.

파피루스의 주인공은 이집트 제4왕조 시대에 활동했던 마술사로, 총 다섯
가지의 에피소드를 통해 마술사의 기적이 묘사된다. 밀랍으로 만든 악어를
살아있는 악어로 만들어 내거나 웅덩이 바닥에 보석을 떨어트린 다음 주술
로 웅덩이를 둘로 나누어 보석을 꺼내기도 하고, 거위와 소의 머리를 잘랐
다가 원래대로 붙여놓는 등의 기적을 행한다.

대부분의 이집트의 마술사들은 주로 공사관에게 고용되었는데, 그들의
임무는 신전 완공 시 거대한 돌조각이 말을 한다거나 불을 뿜는 초자연적인
현상을 일으켜 권력자를 신성시 여기거나 그에 대한 두려움을 갖게 하는 것
이었다.

그리스 · 로마시대에는 컵과 구슬을 이용한 마술이 주로 행해졌다. 고대

그리스의 소피스트 아르키프론의 작품의 기록에 따르면 "한 사나이가 테이블 위에 3개의 접시를 놓고, 그 접시 밑에 작은 돌을 하나씩 넣었다. 그리고는 이 돌을 접시 하나의 밑으로 다 모았는데, 이번에는 그 돌들이 접시 밑에서 모두 사라지고 말았다. 그런데 다음 순간, 사라졌던 작은 돌들은 그 사나이의 입 속에서 나왔다."라고 되어있다.

　중세에 이르면 마술의 내용적인 측면에서 많은 변화가 일어난다. 중세에는 많은 궁전과 왕실이 전속 마술사를 두고 있었지만 한편으로 기독교적 세계관과 권력에 의해 일부 마술이 사술, 즉 악마적인 마술로 배척되기도 했다. 이로 인해 소위 흑마술사로 분류된 중세의 마술사들은 권력의 탄압을 피하여 은둔하게 되었다. 중세 마술의 또 한가지 특징은 자연을 변형하는 실험적인 마술이 등장이다. 연금술은 그 대표적인 사례로, 흑마술의 반대 개념인 이러한 백마술은 근대 자연 과학의 탄생에 중요한 토대가 되었다.

〈사울에게 나타난 사무엘의 영혼〉,
살바토르 로사, 1668, 파리, 루브르
박물관

블레셋의 침략에 위급해진 사울이
무녀를 찾아가 사무엘의 혼을 부르
는 성경 속의 한 장면. 사울은 무녀가
묘사한 유령의 모습에 놀라 무녀가
바라보는 쪽을 향하여 엎드려 절을
하고 있다.

02

기독교 권력은 신에 대항하는 마술을
검은색으로 칠해버렸다

흑마술(black magic)
나쁜 마술의 정체

    궁중 여인들의 암투를 그린 사극을 보면 어김없이 등장하는 장면이 있다. 짚으로 만든 인형에 바늘을 찔러 넣는다든지 상대방의 얼굴 그림에 활을 쏘아 저주하는 장면을 누구나 한 번 쯤은 봤을 것이다. 이러한 행위는 인형이나 그림처럼 상대방을 상징하는 물체에 위해를 가하면 실제 그 상대방이 다치거나 죽음에 이르게 할 수 있다는 주술적 믿음에서 비롯되었다.

    이러한 믿음은 놀랍게도 세계 각지에서 찾아볼 수가 있으며 , 지역의 토속신앙과 결합하여 오랜 관습으로 이어져 왔다. 그 중에서도 아이티에서 시작된 부두교(Voodoo)의 인형저주가 가장 유명하다. 누더기로 만든 인형에 저주하는 상대의 사진을 붙이거나 손톱 등의 신체

일부분을 넣어 바늘로 찌르는 부두교의 의식은 아이티에서 미국 루이지애나로 끌려 온 흑인 노예들에 의해 전승되어 미국 남부까지 확산되었다. 이런 저주 방법이 실제로 상대방에게 위해를 가할 수 있는가 없는가는 각각의 사례가 검증 불가능한 이상 알 길이 없다. 그러나 더욱 흥미로운 것은 '믿거나 말거나' 한 인형 저주의식을 동서고금을 막론하고 해왔다는 사실이다. 그렇다면 인형저주는 과연 인간의 사악한 밑바닥을 보여주는 증거인 것일까? 아니면 인간의 어리석음과 비이성적인 단면을 드러내는 것일까?

부두교의 인형저주는 흔히 '흑마술(black magic)' 의 한 갈래로 분류된다. 흑마술이라는 단어 자체는 현대인들에게 생소하게 들리겠지만 '흑' 이 담고 있는 부정적인 어감 탓에 나쁜 마술, 사악한 마술 따위를 추측하는 것이 보통이다. 르네상스 시대부터 보편화된 '흑마술' 이라는 용어가 지칭하는 마술을 보면 크게 빗나간 추측은 아니다. 악마나 사악한 영혼을 불러내는 의식(혹은 그러한 혐의를 받는 의식)이라든지 다른 사람들에게 위해를 가하는 저주, 정신과 육체를 분리하는 유체이탈 등 초자연적이고 주술적인 행위와 의식을 총칭한 것이 바로 '흑마술' 이다.

그렇다면 '백마술(white magic)' 도 있었을까? 물론이다. 흑백이 내포하는 관습적인 선악(善惡)의 이분법은 '백마술' 에도 그대로 적용

된다. 나쁜 마술에 대립되는 좋은 마술, 즉 백마술은 15세기 후반 자연숭배를 바탕으로 발전한 자연마술(natural magic)을 가리킨다. 흑마술이 악령이나 영혼을 숭배한다면 백마술은 자연을 숭배하는 동시에 자연의 법칙을 탐구했다. 점성술, 연금술, 카발라(유대교 신비주의), 관상술 등으로 세분화되는 백마술은 17세기 후반에 들어 인간의 이성을 강조하고 과학적 탐구를 중시하는 계몽주의의 근간을 이룬다.

'백마술=좋은 마술, 흑마술=나쁜 마술'이라는 이분법적 관점은 마술 숭배의 대상이 '자연인가 악마인가, 혹은 마술의 의도가 좋은가 나쁜가'와 같은 문제로 귀결되는 것처럼 보인다. 그러나 세상사가 흑백논리로, 혹은 선악논리로 단순하게 구별되지만은 않는다는 사실을 간과해서는 안 된다. 흑마술과 백마술로 나뉘게 된 배경과 역사적 실체를 제대로 알지 못하고 겉으로 보여지는 선악에 한해서 시비를 가리는 것 또한 무의미한 일이다.

흑과 백을 나누기에 앞서 '무엇에 대한 좋고 나쁨인가? 누가 그 좋고 나쁨을 규정했는가?'에 대하여 생각해 볼 필요가 있다. 역사적으로 좋고 나쁨을 구분해 왔던 주체와 그 대상이 되는 객체에 대해 의심해보지 않는다면 백마술과 흑마술은 그저 겉으로 드러난 껍데기요, 색깔론에 지나지 않는다.

흑마술이라는 말이 통용되기 시작한 시기는 반(反) 중세적인 사고로 인간성 해방을 위한 문화 혁신 운동이 일어났던 르네상스 시기이다. 그러나 유럽의 인본주의(人本主義)라는 말이 무색할 정도로 르네상스 시기는 여전히 기독교적 세계관이 팽배했다. 기독교적 가르침에 위배되거나 대치되는 세계관은 이단화, 악마화되었으며 기적은 오로지 신의 현현으로 이루어지는 것이지, 여타의 이단적인 신이나 영혼, 인간이 행할 수 있는 것이 아니라는 믿음이 확고했다. 그런 면에서 마술을 통해 나타나는 경이로운 현상은 기독교의 가르침에서 기적일 수 없었으며 부정되어야 했다.

특히 밀교나 주술, 초자연적인 현상을 일으키는 마술 등이 '흑마술'로 악마화되었던 배경에는 이교도의 침입과 종교개혁으로 인한 사회적 갈등이 존재했다. 또한 당시 농촌 사회를 휩쓸었던 기근과 페스트, 기타 전염병 등이 지속적으로 일어나면서 농민들의 삶이 피폐해져 갔다. 종교권력의 분열을 해결하고 피폐해진 농촌사회의 불만을 일소할 방법이 필요했는데, 그 해결책이 바로 마법과 마녀였다. 때문에 15~17세기에 걸쳐 폭발적으로 증가했던 마녀사냥은 당시 시대가 겪어야 했던 종교적 번민을 해결하는 동시에 기독교를 절대화하여 권력과 기득권을 유지하고자 하는 종교적 상황에서 비롯된 것이었다.

반대로, 백마술 혹은 자연마술이 탄압을 면할 수 있었던 이유 역시 본래 이단으로 배척되었던 점성술, 카발라, 기억술 등이 르네상스 시대에 새로운 지적 체계로 재편되었기 때문이었다. 자연이 수학적으로 표현될 수 있다는 고대 그리스의 플라톤주의는 르네상스 시대에 들어와 자연과 인간이 어떤 신비한 힘에 의해 상호 연결되어 있다고 믿는 신플라톤주의로 계승되었다. 신플라톤주의는 신은 유일한 존재로서 정점에 두고 그 아래 여러 덕(德)과 존재들의 미(美)가 서열을 이루고 있다고 말한다. 또한 천계와 인간계를 연결하는 고리가 '신비한 힘'이라 전제하고 그것이 기적적인 일을 일으킨다고 말하고 있다. 고대 그리스의 플라톤주의는 인간의 지적 능력을 통해 우주의 신비한 힘을 파악할 수 있다는 적극성을 띤 반면, 신플라톤주의는 신성성에 기대어 인간의 능력을 신의 영역으로 축소시킨 것으로 이러한 사상은 기독교적 믿음과 크게 대립되지 않았고, 오히려 지적 영역으로서 마술을 받아들일 수 있는 근거가 되었다.

이처럼 흑과 백, 나쁜 마술과 좋은 마술을 구별하여 부른 배경에는 기독교적 세계관이 강하게 작용하고 있었다고 볼 수 있다.

16세기 플랑드르의 화가 피터 브뤼겔(Pieter Brueghel the Elder, 1525~1569)의 〈사육제와 사순절의 *싸움(The Fight Between Carnival and Lent)*〉은 기독교적 믿음이 여전히 팽배했던 16세기 서유럽의 일상생활에서 어떠한 풍습이나 가치관이 배척되었는가를 살펴볼 수 있

〈사육제와 사순절의 싸움〉
피터 브뤼겔, 1559, 빈 미술사 박물관

는 작품이다.

브뤼겔은 당대 네덜란드의 일상적인 풍속이나 민중들의 삶을 풍자적으로 화폭에 담은 작가로 알려져 있다. 〈사육제와 사순절의 싸움〉역시 브뤼겔의 재치 있는 풍자방식을 엿볼 수 있는 작품으로, 작품의 기본적인 구성 방식은 대립적인 제목이 암시하듯 왼편에는 사육제가, 오른편에는 사순절의 풍경이 대비적으로 묘사되어 있다. 이러한 이분법적 대비는 단순히 먹고 마시고 흥청거리는 축제와 금욕과 절제, 신의 부활절을 기리는 고행 사이의 간극만을 의미하지는 않는다. 상징의 차원에서 보자면 사육제는 민중의 삶과 욕망을, 사순절은 로마 카톨릭 교회의 엄격한 규율을 의미한다. 다시 말해서 브뤼겔은 민중의 세계와 종교적 세계의 간극을 조감하고 있다고 볼 수 있다.

부활절이 올 때까지 40일 동안 그리스도의 수난을 본받아 금식과 속죄를 행하는 사순절은 로마 기독교의 종교적 가르침과 그러한 가르침을 설파하는 종교권력에 순종하는 의식이다. 그림의 오른 편에는 기도하는 수녀와 환자, 음식을 준비하는 여인들, 수도승을 따르는 파리한 민중들의 모습이 보인다. 16세기 네덜란드를 포함한 서유럽에서 종교개혁 세력이 성장하고 있었던 것을 감안한다면, 로마 카톨릭 교회가 민중의 구원을 빌미로 그들을 착취한다는 개혁세력의 비판에 브뤼겔 역시 공감하고 있었음에 틀림없다. 사순절에 대한 묘사가 기존의 성화처럼 영험하거나 경건하지 않을 뿐더러 민중들의 파리하고 초췌한 모습에 더욱 주목했다는 점에서 종교권력이나 그 세계관에 대한 브뤼겔 비판적 시선이 엿보인다.

　그러나 브뤼겔이 민중들에게 무조건 동정적이었던 것만은 아니다. 사육제의 모습을 담은 그림의 왼쪽 편에서 우리는 탐욕과 향락, 무질서, 우매함에 빠진 민중의 모습을 살펴볼 수 있다. 사육제를 의인화한 형상으로 추측되는 뚱보는 민중들의 무지함과 쾌락적인 습성을 가장 압축적으로 상징하는 인물이다. 뚱보는 마치 말을 탄 기사처럼 술통에 올라 타 돼지 머리를 끼운 창을 들고 있다. 술통의 앞머리에는 고기가, 그의 허리춤에는 커다란 칼이 채워져 있는데 이는 그가 도살꾼이라는 것을 암시한다. 사육제에 고기를 대는 역할이 바로 도살꾼의 몫이었으니 사육제의 중심이자, 탐욕의 중심으로 뚱뚱한 도살꾼은 적역이었을 것이다. 뚱보의 묘사에서 흥미로운 점이 있다면 그의 왼손이 향한 위치이다. 그는 왼손을 하늘로 치켜들고 있는데 서구의 밀교에서 왼손은 흑마술을, 오른손은 백마술을 상징한다고 알려져 왔다. 물론, 앞에서도 살펴봤듯이 우리는 흑마술을 단순히 나쁜 마술, 악마나 영혼을 불러내는 의식만으로 치부할 수는 없을 것이다. 흑마술이 기본적으로 기독교적 세계관의 지배에서 벗어난, 사회적 관습에서 이탈한 행위나 믿음에 근거했다는 역사적 사실을 감안한다면 그림에서 뚱보가 치켜든 왼손은 로마 카톨릭 교회에 대한 저항의

■ 〈사육제와 사순절의 싸움 | 부분〉
사육제의 형상을 의인화한 뚱보. 오른손은 돼지머리를 끼운 창을, 왼손은 하늘을 가리키고 있다.

지의 표명, 즉 그동안 금기되어왔던 쾌락적인 삶을 살겠다는 저항을 읽어낼 수 있다.

뚱보가 치켜든 왼손에 이끌려 찬동하는 민중이 있다면 과연 그들은 권력에 대해 적극적으로 저항하는 것일까, 아니면 악마에게 영혼을 팔듯이 선동가에 홀려 판단력을 잃고만 것일까? 브뤼겔의 조감도는 후자에 한 표를 던진 것으로 보인다. 그는 교회와 민중을 대치시키는 그림에서 어느 한 편에 힘을 실어준 것이 아니라 양 쪽 모두에

〈예쁜 선생!〉로스 카프리초스 연작 중의 하나
프란시스코 데 고야, 1797~98.

신랄한 비판을 던졌다. 교회가 세속권력화 되어 민중을 착취한다면, 민중은 어리석게도 이성적인 판단을 결여한 채 욕망에 충실한 삶을 택했다. 브뤼겔이 바라보는 동시대 사회란 바로 그러한 광기의 시대였다.

약 이 백년 후의 스페인에서 우리는 브뤼겔 못지않게 신랄한 눈으로 사회를 바라 본 또 한 명의 화가를 만날 수 있다. 프란시스코 데 고야(Francisco José de Goya y Lucientes, 1746~1828)가 그 주인공으로, 궁정화가이자 소위 잘 나가던 예술가였던 그는 청력을 상실한 이후 개인적인 상실감을 맛봐야 했으며 19세기 초 프랑스와 스페인 간의 반도전쟁을 경험하면서 역사적인 비극까지 체험하게 된다. 이러한 비극적 체험이 거듭되면서 그의 그림 역시 어두운 분위기를 풍기게 되었는데, 그 어두움의 근원에는 이성을 상실한 인간의 악마성, 포악함, 광기에 대한 처절한 깨우침이 자리하고 있었다.

1797년부터 약 이 년 동안 총 80편의 동판화로 제작된 〈카프리초스(Los Caprichos)〉는 고야가 인간 이성의 상실에 대해서 얼마나 깊이 생각하고 있었는가를 짐작할 수 있는 작품이다. 그는 당대 미신주의의 팽배, 이성의 쇠퇴, 무지와 이기주의가 만연한 문명사회의 후퇴를 목도하며 그러한 사회 세태를 비판하기 위해서 이성 반대편에 자리 잡은 인간의 악마성, 괴물성, 어리석음의 단면들을 마치 오늘날의 만화처럼 과장된 형태로 묘사했다.

〈예쁜 선생! (Linda maestro!)〉 역시 그 연작 중 한편으로, 빗자루를 타고 날아가는 두 여인의 이미지가 우리에게 익숙한 마녀를 닮아있다. 후대의 미술사가들은 18세기 말까지도 스페인 사회 저변에 퍼져 있던 마녀에 대한 믿음과 그러한 믿음을 바탕으로 한 스페인 교회의 마녀재판이 고야의 연작에 비판적으로 그려져 있다고 설명한다. 즉, 고야는 당대의 종교 세력도, 마녀나 초자연적인 기적을 신봉하는 민

〈마녀들의 집회〉 혹은 〈위대한 숫염소〉
프란시스코 데 고야, 1797~98, 마드리드, 프라도 미술관

중세력도 일종의 광기로 바라보고 있는 것이다. 한편, 〈예쁜 선생!〉
은 또 하나의 상징체계를 포함하고 있는데, 특히 늙은 여인과 젊은
여인은 창녀(prostitute)를, 빗자루는 성행위를 암시한다. 이러한 성
적 상징은 고야가 이성의 상실 뿐 아니라 욕망에 탐닉하는 인간의 동
물성에 대해서도 풍자하고 있음을 나타낸다.

  18세기 초 반도 전쟁 이후 더욱 어두워진 고야의 화풍은 검은 그림

(black paintings)이라 불리는 그림들을 통해서 잘 드러난다.

 벽화 〈마녀들의 집회〉 혹은 〈위대한 숫염소〉도 검은 그림 중의 하나로, 마녀나 사탄을 믿는 민중의 어리석음과 그 어리석음에 조응이라도 하듯 마녀재판의 광기에 휩싸여 있던 기독교 권력을 아울러 비판한 작품이라고 일컬어진다. 그림의 왼편에는 검은 실루엣의 염소가, 그 옆에는 마녀로 추정되는 여인이 앉아있다. 이 둘을 바라보는 민중들은 모두들 공포에 젖어 있는 눈빛이다. 고야는 이성의 반대편에 광기가 자리한다고 믿었고 국난을 겪으면서 그 광기가 살육이나 미신 같은 형태로 폭발해가는 모습을 직접 목도했다. 그의 '검은 그림'은 우리가 '흑마술'에서 봤던 검은색과는 전혀 다른 색채이다. 흑마술의 검은색이 기독교적 선악 개념의 색채를 의미했다면, 고야의 검은 그림은 세속화된 기독교 세력마저 이단 색출에 사로잡혀 이성을 잃어버린 광기의 시대를 포착한 말이었다. 전자의 검은색 반대편에 '신'이라는 구원이 있었다면, 후자의 검은색 반대편에는 '이성'이라는 인간 본래의 합리성이 자리하고 있었다.

 신과 인간 사이, 그 사이에 마술이 있었다. 기독교적 세계관이 오랫동안 서구사회를 지배했을 때 기독교 권력은 신의 영험함에 대항하는 마술을 검은색으로 칠해버렸다. 검은칠을 당한 마술에 동조하는 민중들도 탄압의 대상이 되었다. 17세기 이후 신 중심의 세계는 인간

이성 중심의 세계로 전환하여, 바야흐로 계몽주의 시대가 도래한다. 인간본래의 이성으로 신비한 우주와 자연의 진리를 알아낼 수 있다는 긍정의 시대가 도래하면서 좋은 마술은 자연과학으로 발전해갔지만 흑마술은 더욱더 광기와 무지, 어리석음의 영역으로 몰렸다. 흑마술의 '나쁨'은 그 고유한 속성에서 정의된 것이 아니었다. '나쁨'이라는 정의를 할 수 있는 권력과 지배적인 사상이 없었다면 애초에 검은칠을 당했을 마술이 있었을까? 나쁜 마술의 정체를 파고들수록 우리는 마술 그 자체가 아닌, 마술을 둘러싼 신과 인간의 세계를 보게 된다. 그 역동적인 갈등관계야말로, 흑마술을 있게 한 역사적 조건이다.

마술
수난의 시대를
뛰어넘다

　로마제국 붕괴 이후 시작 된 것이 중세시대 이다. 게르만 족의 이동, 바이킹의 침공, 그리고 이슬람 교도들의 활동과 갈등은 중세시대를 시작하는데 있어서 중요한 영향을 주었다. 마술사적으로도 중세시대는 로마와 이집트에서 시작되었던 마술이 사람들의 이동과 함께 유럽 곳곳으로 전해지면서 각각의 환경에 맞게 자리잡게 되는 시기였다.

　그 좋은 예가 연금술이다. 고대 이집트에서 시작된 연금술은 아라비아에 들어가게 되었고, 이후 이슬람 지역에 파병되었던 십자군이 유럽에 돌아가면서 유럽에도 전해지게 되었다. 유대교 내에서 전해지던 카발라 역시 유럽의 토착적인 자연 마술과 융합하며 새로운 마술로 태어나게 되었다.

　그러나 중세 유럽의 마술에는 공통된 특징은 사회의 뒷전으로 물러나 은폐된 형태로 존재했다는 것이다. 또한 기득권층과 종교적인 논리가 더해지면서 중세의 일부 마술사들은 종교 권력에 의해 박해 받게 된다. 처음에 이들은 사악한 존재로 여겨지지 않았으며 의료기능을 담당하거나 점을 치고 묘약을 만드는 주술적인 역할을 수행하는 사람들로 여겨졌다. 그러나 이러한 특별한 능력이 기독교적 신앙심을 해치고 사회적으로 동요를 일으킨다는 종교적 관념으로 정의 된 이후 사술로 낙인찍힌 마술은 사회적으로 탄압을 받게 되었다. 그 대표적인 예가 마녀사냥이다. 14세기부터 불어 닥친 유럽의 '마녀사냥'은 18세기 중반까지 이어졌으며 50만 명의 사람들이 처형대에 올려졌다.

당시의 권력자들은 인간의 한계를 초월하는 신비한 능력을 가진자들로 인해 사회의 평화를 위협받고 자신의 지위와 목숨까지 잃게 되는 것은 아닌지 두려워했다. 중세 교회 역시 마법은 교리에 반대 되는 이단일 수밖에 없었다. 때문에 생명을 만들어 내는 연금술사, 악마를 소환하는 마녀(Witch), 신에 이르려하는 카발리스트 등 중세의 마법사는 모두 탄압받고 사회의 이면으로 숨어들 수 밖에 없었다.

그러나 종교개혁 이후 마술에 대한 탄압은 서서히 잠잠해 졌으며 마술을 둘러싼 사회적 인식 역시 재편되어 갔다. 특히 자연 현상에 대한 변형을 통해 발견과 발명의 명맥을 유지해 오던 백마술은 17세기 계몽주의의 초석이 되었으며 마술 혹은 마법 대신 '과학'과 '실험'의 지위로 대체되어 갔다.

〈죽음의 무도 | 부분〉, 미카엘 볼게무트, 1493, 뉘른베르크 연대기 삽화

계속되는 전쟁과 페스트 같은 참상을 겪으며 중세인들의 신앙은 서서히 붕괴되었다. 산자와 죽은 자가 한바탕 난장을 벌이는 그림에서처럼 중세인들은 죽음이 혼재하는 생을 직시하고 그 헛됨을 한탄했다.

〈죽음의 무도 | 부분〉, 베른트 노트케, 1463, 세인트 니콜라스 교회

죽음의 무도에 등장하는 인물들은 일반백성, 귀족, 사제 심지어 왕과
교황까지 해골과 손을 맞잡고 춤을 춘다. 죽음의 무도는 죽음에 대한
일상성을 상징하며 대단한 권력을 가진 사람도 피해갈 수 없음을 보
여준다.

마술과 기술, 초자연과 과학 사이

03

과학과 마술이 상호 협력하는 접점
매직 랜턴 *magic lantern*

유령마술
오싹한 판타스마고리아(phantasmagoria)

어린 시절, 놀이공원에 가면 빠지지 않고 들르던 곳이 있었다. 바로 유령의 집. 문을 열자마자 깜깜한 복도가 펼쳐지고 어디선가 까마귀 소리, 바람 소리, 그리고 알 수 없는 비명 소리가 들려온다. 어두운 복도를 희미하게 비추는 촛불 모양의 조명에 의지해 천천히 걸음을 옮겨보지만 모든 감각이 쭈뼛 서 있는 것처럼 경직되어 있다. 이윽고 제 발로 유령의 집에 걸어 들어 온 자신을 후회한다. 박쥐 인형과 입가에 피처럼 뻘겋게 분장을 한 드라큘라, 콩콩콩 뛰어다니는 강시가 차례로 등장한다. 실제상황이 아니라 분장과 소품임을 알면서도 깜짝깜짝 놀란다. "괜찮아, 저건 진짜가 아니야."라고 스스로를 안심시킨다. 그런데 거의 다 빠져나왔다고 방심한 순간, 아무 것도 없었던

마술과 기술, 초자연과 과학 사이

벽면에서 해골이 튀어나온다. 이 쪽 저 쪽에서 나타났다 사라지는 해
골에 소리를 '꺅!' 지른다. 특수효과라는 사실을 알면서도 놀란 가슴
을 어쩔 수가 없다. 유령의 집을 걸어 나올 때쯤이면 등에는 식은땀
이 배어 있다.

진짜가 아닌 줄 알면서도 오싹해지는 유령의 집, 그 특수효과의 역
사는 꽤 오래 되었다. 17세기 중반, 네덜란드의 과학자 크리스티안
호이겐스(Christian Huygens)가 개발한 매직 랜턴(magic lantern)
이 그 시초이다. 유명한 물리학자이자 수학자였던 호이겐스는 1659
년 인공 빛을 오목렌즈에 투과시켜 그림이 그려진 작은 유리 슬라이
드에 쏘아 스크린에 투사하는 매직 랜턴을 개발했다. 많은 빛을 한꺼
번에 투과시켜 대형의 이미지를 만들어내는 이 진기한 물건은 사람
들의 이목을 끌었다. 호이겐스는 주로 이색적이거나 목가적인 그림
을 투사하여 관객들에게 선보였으나 이따금 유령이나, 악마, 그리고
오싹한 그림이 투사되는 경우도 있었다.

과학의 대중화가 활발하게 진행되었던 18세기, 호이겐스가 개발한
매직 랜턴은 살롱이나 까페에 모인 사람들의 보편적인 오락거리가
되었다. 당시 과학이 대중들에게 보급되었던 주요한 채널 중의 하나
가 바로 마술쇼였는데 광학원리를 응용해서 사람들에게 거대한 이미
지를 선뵈는 매직 랜턴이야 말로, 과학과 마술 그 접점에 있었다고
해도 과언이 아니다. 18세기 중반 독일 라이프치히에서 까페를 운영

했던 요한 게오르그 슈레퍼(Johann Georg Schröpfer)는 이 빛의 마술을 이용하여 교령회, 즉 영혼을 불러내는 의식을 주재하다가 1760년대에는 아예 흥행사로 전업하여 유령 마술로 인기를 끌었다. 과학적인 지식과 영적인 강신술이 엄격하게 분리된 세계인 것처럼 단정하는 합리주의적인 가치관에서 볼 때 매직 랜턴을 이용한 유령 마술은 모순적인 도구임에 틀림없다. 그러나 17세기 과학혁명 이후부터 과학의 대중화가 어느 정도 반열에 오른 19세기까지도, 과학과 마술, 자연과 초자연은 단절된 세계가 아니라 모호하고 유동적인 세계였다.

18세기 낭만주의의 대두는 그러한 유동적 세계가 확산되어가는 증거이자, 과학과 마술의 접점을 지속하게 하는 원동력이었다. 한편에서는 인간의 이성과 합리성에 대한 신뢰가 과학이라는 수단을 통해 증식하고 있었던 반면, 18세기 후반 들어 또 다른 편에서는 이성과 합리, 절대적인 보편성을 거부하고 인간의 감성과 감정, 특수성에 탐닉해 갔다. 전자가 계몽주의라면 후자는 그것에 반대하는 낭만주의라고 불렸는데, 이러한 낭만주의가 문학이나 미술 등 예술의 한 사조로 꽃피우면서 공포와 낭만주의를 결합한 고딕 소설(Gothic fiction)이나 중세의 그로테스크한 괴물, 신화 등을 재현한 낭만주의 미술이 탄생했다.

계몽주의와 낭만주의는 철학적으로 서로 반대되는 지향점을 가지고 있음에도 불구하고 한 쪽이 다른 쪽을 대체하거나 서로 대립되는 관계에만 있었던 것은 아니다. 18세기 후반에도 매직 랜턴은 빛에 대한 과학적 지식을 이용해 초자연적 이미지를 실어 나르며 대중적으로 그 인기를 구가했다. 빛에 대한 인류의 지식이 발전하지 않았다면 오싹하리만큼 생생한 유령이나 악마, 신화의 재현이 불가능했을 것이며 무서운 이미지와 내러티브가 없었다면 빛의 마술이 주는 오락적 효과가 덜했을 것이다. 과학과 마술이 상호 협력하는 바로 그 접점에 매직 랜턴이 자리하고 있었다.

1789년의 프랑스 혁명 이후 혁명의 본거지로 지목된 거리나 살롱에서의 마술은 엄격한 규제와 검열의 대상이 되었고 이제 마술은 극장으로 그 무대를 옮긴다. 마술 무대의 전환기에 독일 출신의 폴 필도르(Paul Philldor)는 극장 형식의 마술쇼와 매직 랜턴을 결합하여 베를린, 비엔나, 파리 등지에서 높은 인기를 끌었다. 그는 자신의 쇼에서 유령의 이미지를 연기에 투사함으로써 더욱 그럴 듯해 보이는 강신마술을 선보였다. 매직 랜턴 마술을 극장 예술의 형태로 끌어올렸을 뿐만 아니라 움직이는 이미지 투사를 가능케 한 필도르는 판타스마고리아(Phantasmagoria)의 창시자로 기억된다. 그러나 '판타스마고리아' 라는 말을 처음 사용하고 유령 마술쇼를 하나의 장르로 정착시킨 장본인은 따로 있었다. 벨기에 출신의 발명가이자 물리학

〈판타스마고리아〉
영국의 정치풍자 화가 제임스 길레이의 삽화, 1803, 무기를 든 해골을 나타나게 한 마술 장면

자인 에티엔 – 가스파르 로베르트(Étienne – Gaspard Robert), 일명
로버트슨(Robertson)이 바로 그 주인공이다.

　로버트슨은 혁명 이후 섬뜩한 공기가 남아있는 파리에서 고딕풍의
공포스럽고 으스스한 상상력이 넘치는 마술쇼를 선보였다. 그는 카
퓌신 수도원(Couvent des Capucines)의 버려진 성당에 무대를 마련
하고 자신의 쇼를 고대그리스어로 환영(幻影, phantasm)의 집회(集
會, agora)라는 뜻의 판타스마고리아라고 이름 붙였다. 그의 판타스

마술과 기술, 초자연과 과학 사이

카퓌신 수도원의 판타스마고리아 공연 모습이 담긴 판화
제일 왼쪽 편에 랜턴을 조작하는 로버트슨의 모습이 보인다.

마술과 기술, 초자연과 과학 사이

로버트슨은 광학 기술을 이용한 환상적인 쇼를 만든 마술사이자
영사기술을 개발하고 발전시킨 광학의 선구자이다.

마고리아 쇼는 마치 오늘날의 유령의 집처럼 관객들이 긴장감과 공포, 초현실적인 시간을 체험할 수 있는 장이었다. 희미한 불빛의 램프만이 유일한 빛을 제공하는 어두운 방에서 로버트슨은 관객들에게 이제부터 그들이 보게 될 것이 어떤 미신도, 속임수도 아니라고 강조했다. 이윽고 불이 꺼지고 빗소리, 천둥소리, 종소리 등 청각효과를 고조시키는 소리가 방안을 가득 채운다. 그 다음 로버트슨은 관객들에게 보이지 않는 위치에서 아르강 램프와 바퀴 달린 테이블이 딸린 랜턴의 전원을 켠다. 로버트슨은 빛의 양을 조심스럽게 조절하면서 랜턴을 조작한다. 로버트슨이 빛의 마법을 부리는 동안 관객들은 갑자기 튀어나온 해골이 점점 앞으로 다가오는 모습을 보기도 하고 다시 사라져가는 뒷모습을 보기도 했다.

해가 거듭될수록 로버트슨의 판타스마고리아는 종합예술로서 토대를 갖춰간다. 그는 날아다니는 해골 외에도 메두사의 머리, 춤추는 마녀들, 사탄이나 악마의 이미지 등 각종 신화와 전설을 컨텐츠로 활용했다. 여러 개의 광원을 사용하여 복수의 이미지를 한꺼번에 만들어내는 등 형식을 변형하는 데도 창조적인 재능을 발휘했다

시각과 청각효과를 조합해 관객의 공포심을 최대한으로 끌어올린 그의 판타스마고리아는 오늘날의 가장 대중적인 예술 장르 중의 하

조르주 멜리에스의 대표작 〈달 세계 여행〉(1902)의 한 장면. 영화에서 가장 유명한 장면으로 달의 눈에 로켓이 착륙하는 기괴한 모습을 담았다.

나인 영화의 모태가 된다고 할 수 있다. 후대의 연구자들은 19세기 말에 등장한 영화(motion picture)의 기술적, 내용적 기원으로 판타스마고리아를 지목한다. 프랑스의 뤼미에르 형제(Auguste and Louis Lumiere)가 1895년에 세계 최초로 영화를 발명한 이후, 프랑스의 마술사 조르주 멜리에스(Georges Méliès)는 판타스마고리아 형식과 유사한 트릭영화를 만들기 시작했다. 트릭영화란 마치 마술의 기법처럼 대상이 나타났다 사라지기도 하고 커졌다 작아지기도

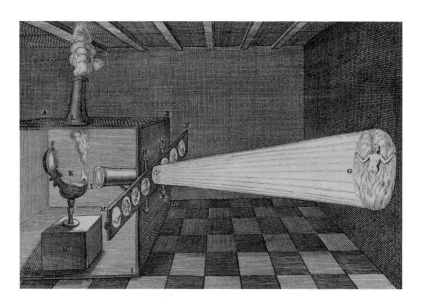

독일의 철학자 아타나시우스 키르허는 1671년 〈빛과 그림자의 위대한 마술〉에서 투영의 효과에 대해 설명했으나, 실제로 작동하는 환등기가 제작되기까지는 오랜 세월이 더 걸렸다.

하며 여러 가지 형태로 변형되는 모습을 영상화한 장르를 가리킨다.

본인 스스로가 마술사 출신이자 세계최초로 영화 스튜디오를 만들 만큼 새로운 오락적 장르에 열성적이던 멜리에스는 무대 위 판타스마고리아를 복제 가능한 필름 위의 영상 위로 옮겨 와 마술적 세계의 수명을 연장시키는 데 공헌했다.

17세기 중반의 매직 랜턴부터 19세기 말에 등장한 영화까지, 마술은 빛의 과학과 예술을 오가며 그 대중화에 혁혁한 공을 세웠다. 마술 역시 매직랜턴과 새로운 대중예술 장르를 통해 유령 마술이라는 독특한 컨텐츠를 개발했을 뿐만 아니라, 복제 가능한 영상이라는 날개를 달게 되었다. 오늘날 판타스마고리아는 낯선 언어가 되었지만 놀이공원의 유령의 집에도, 대형스크린에 비치는 영화에도 판타스마고리아 쇼의 흔적은 여전히 생생하게 각인되어 있다. 존재하지 않는 걸 알면서도 믿게 되는 오싹오싹하면서도 환상적인 세계, 그것이 바로 판타스마고리아의 유산이다.

마술과 기술, 초자연과 과학 사이

빛과
그림자의
위대한 마술사

17세기 중반 발명된 매직랜턴을 시초로 영사기는 진화를 거듭하여 에티엔-가스파르 로베르트(Étienne-Gaspard Robert, 1763~1837), 일명 로버트슨(Robertson)에 의해 위력을 떨치게 되었다. 로버트슨은 물리학자, 열기구 조종사, 발명가였으며 광학의 개척자이자 빛과 그림자를 이용한 유명한 마술사로 불린다.

빛과 그림자의 위대한 마술사
로버트슨, 1763~1837

젊은 시절 그는 벨기에 어느 학교의 물리 교사였으나 광학기기에 대해 배우게 되면서 광학에 빠져들게 되었다. 그는 본격적으로 광학에 대한 연구를 시작했고 당시 한창 인기를 끌던 유령 마술의 실체에 대해서도 알게 된다. 당시 유령 마술사들은 영사기술로 초자연적인 현상을 나타나게 해 사람들로 하여금 근거 없는 믿음을 갖게 하였는데, 과학에 무지했던 사람들은 눈앞에 일어난 현상을 있는 그대로 믿으며 마술사들의 상술에 쉽게 속아 넘어가곤 했다.

로버트슨은 과학자로서 조잡했던 광학 기술을 연구하며 자신의 지식을 유용하게 활용한다면 초자연적인 믿음에 기댄 눈속임이 아니라 환상적인 오락거리를 보여줄 수 있을 것이라고 생각했다. 그는 자신의 광학 지식을 쏟아 부어 무대 위에 올렸다. 버려진 수도원, 연기가 스멀스멀 피어오르는 무대에서 영사기가 쏘아 올리는 환상적인 움직임을 본 파리 시민들은 크게 열광하였고, 단숨에 그의 공연은 사람들의 관심을 받게 되었다.

이미 비슷한 쇼가 있었지만 대개 이미지가 나타났다 사라지는 정도로, 광학적인 기술 이외에 이야기, 음향효과가 결합된 그의 쇼와는 비교할 수 없는 수준이었다. 이야기로 잘 얽혀진 이미지들을 로버트슨이 영사기로 보여주면 그의 조수는 영혼의 목소리를 연기 하거나 기괴한 소리들을 내서 사람들을 공연에 더욱 빠져 들게 하였다. 버려진 수도원 역시 사람들을 더욱 긴장시키며 공연의 흥미를 더하는 요소였다.

자신의 지식을 나눌 줄 알았던 로버트슨은 사람들에게 즐거움을 주는 한편, 과학자로서 사람들의 무지와 미신을 깨우쳐 주고자 노력했다. 평생에 걸쳐 광학을 연구했으며 과학적 지식을 잘 활용할 수 있도록 사람들을 돕는 진정한 광학의 선구자였다.

로버트슨이 보여주었던 기괴한 악마의 댄스와 공포는 놀라운 광학 기술에서 비롯되었다.

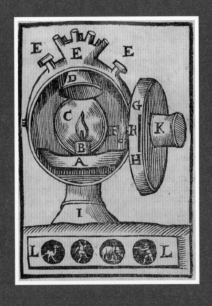

04
자동인형 *automaton*
마술로 인간을 재현하다

마술, 인간을 복제하다
체스를 두는 자동인형(automaton)

　까무잡잡한 피부에 회색 눈동자, 검은 수염을 기른 사내가 체스판 앞에 앉아 있다. 머리에는 터번을 둘렀고 투르크식의 예복을 입었다. 이내 체스 경기가 시작된다. 관중들이 웅성웅성 거린다. 체스 경기에 대한 긴장감 때문만은 아니다. 터키 복장을 한 사내는 인간이 아닌, 인간 복장을 한 기계이기 때문이다.

　기계의 오른쪽 손은 체스판 가까이에 두고 왼쪽 손으로 말을 움직인다. 자신의 말을 움직이거나 상대방이 움직일 때 가끔씩 인간처럼 표정을 짓기도 한다. 고개를 끄덕이거나 절레절레 흔들 수 있음은 물론이다. 인간인 상대와 접전이 이루어지다가 드디어 기계가 승기를 잡았다. 상대의 킹을 잡을 기회가 왔다. 경기가 끝났음을 알리는 기

〈투르크인〉
폰 켐펠렌의 체스 두는 투르크인 자동인형과 내부의 기계장치 모습

계의 목소리, 'Échec!' 불어로 '체크'라는 뜻이다.

인간과 체스를 두는 기계. 공상과학소설이나 현대의 슈퍼컴퓨터와 인간의 체스대결에서 들어봤을 법한 이 이야기는 놀랍게도 18세기 말에 이미 존재했던 기계이다. 일명 투르크인(the Turk)이라 불렸던 이 기계는 1770년 볼프강 폰 켐펠렌(Wolfgang von Kempelen)이라는 헝가리 출신의 발명가에 의해 세상에 처음 등장하였다.

폰 켐펠렌은 당시 오스트리아, 헝가리, 크로아티아 등을 아우르는 합스부르크 군주국의 여성통치자 마리아 테레지아(Maria Theresa)에게 선보일 목적으로 체스 두는 기계를 제작했다. 머리와 몸통으로 이루어진 이 기계는 인간의 실물크기와 같았으며 체스판이 놓여있는 책상과 일체형이었는데 그 모습이 흡사 책상 앞에 앉아 있는 인간 같았다. 투르크인 복장과 생김새는 유럽인들이 오리엔탈적이거나 이국적인 것에 대해 흔히 갖는 신비스러운 감정을 배가시키기에 충분했다. '투르크인'이 합스부르크 왕가에 첫 선을 보인 이후, 궁정에 모인 왕가와 귀족들의 반응은 뜨거웠다. 폰 켐펠렌은 자랑스러운 듯 투르크인과의 체스 대결에 나설 도전자를 모집한다.

그러나 '투르크인'이 첫 선을 보인지 약 십년 동안 기계 대 인간의 체스 대결은 공식적으로 딱 한 번 밖에 열리지 않았다. 상대는 스코틀랜드 출신의 귀족이었다. 실제로 폰 켐펠렌은 투르크인의 체스 경기보다 투르크인을 포함한 자신의 다른 발명품들의 전시에 더 관심이 있었던 것처럼 보인다. 그도 그럴 것이 폰 켐펠렌은 투르크인의 수리를 핑계로 체스 대결을 연기하거나 취소하는 일이 잦았으며, 1780년대 초반까지 '투르크인'은 합스부르크 왕가의 쇤부른 궁전에 고이 전시되어 있었다고 해도 과언이 아니다.

체스 두는 기계, '투르크인'이 정식으로 체스를 두는 역할을 하게 된 것은 1783년 이후 시작된 유럽 투어 이후부터였다. 프랑스의 베르사유를 시작해 런던, 라이프치히, 드레스덴, 암스테르담 등 유럽의 각지를 돌며 폰 켐펠렌은 기계를 선보였고 때로 체스 경기를 벌였다. '투르크인'과 체스를 둔 인간 도전자 중에는 당시 프랑스 대사관으로 파리에 와 있던 벤자민 프랭클린(Benjamin Franklin)도 있었다. '투르크인'은 백전백승의 뛰어난 체스 플레이어까지는 아니었지만 유명한 체스 천재들을 긴장시킬 정도의 훌륭한 기량을 가지고 있었음에 틀림없다. 당대의 뛰어난 체스 플레이어였던 프랑수아-앙드레 다니칸 필도르(François-André Danican Philidor)는 '투르크인'과의 체스 경기에서 비록 승리했지만 그의 아들은 녹초가 될 정도로 긴장된 경기였다고 평했다.

'투르크인'의 인간 상대자 중 가장 유명한 사람이 있다면 바로 나폴레옹이었다. 폰 켐펠렌의 사후, '투르크인'은 바이에른 출신 음악가이자 메트로놈을 개발한 요한 네포무크 멜첼(Johann Nepomuk

Mäelzel)에게 인수되었는데 그는 폰 캠펠렌과는 달리 체스 경기 투어에 큰 야망이 있었던 것으로 보인다.

1809년 쉔브룬 궁전에 도착한 나폴레옹과 '투르크인'의 역사적인 경기가 열렸다. '투르크인'의 원리를 궁금해 했던 나폴레옹은 재치를 발휘하여 일부러 규칙에 어긋나게 말을 두었다. 놀랍게도 '투르크인'은 잘못된 말을 다시 원상복귀시키고 경기를 재개했다. 나폴레옹은 즐거워하며 경기를 두었지만 아쉽게도 경기는 '투르크인'의 승리로 끝났다.

그런데 이쯤에서 우리가 의심해봐야 할 문제가 하나 있다. 과연 체스 두는 기계 '투르크인'은 정말로 체스를 둘 수 있는 기계였던 것일까? 인공지능이나 인간복제가 가능할리 없었던 18세기 말에 인간처럼 체스를 두고 팔이나 얼굴 근육까지 움직일 수 있는 기계의 발명이 어떻게 가능할 수 있단 말인가? 체스를 두는 기계의 비밀을 가장 잘 아는 사람은 '투르크인'을 발명한 폰 캠펠렌이나 그의 뒤를 이은 멜첼일 것이다. 그러나 이미 이백여 년도 지난 일을 어떻게 추궁할 수는 없는 일이다. 게다가 '투르크인'은 1850년대 경에 미국 필라델피아의 한 박물관에 소장되어 있던 중 박물관의 화재로 잿더미가 되고 말았다. 체스 두는 기계의 이 비극적인 최후로 인해 기계의 비밀까지도 영원히 역사 속에 묻히게 되었다.

'투르크인'의 비밀은 미스터리로 남게 되었지만 그 원리를 궁금해
하는 사람들의 호기심은 꺼지지 않았다. '투르크인'이 유럽과 미국
등지로 투어를 돌던 18~19세기의 동시대 관람객부터 전설의 기계를
기억하는 오늘날의 체스 애호가에 이르기까지, 많은 사람들이 기계
에 대해 갖는 의견은 분분하다. 관람객의 눈을 속인 채 실제로는 체
스 플레이어가 테이블 밑에 숨겨진 캐비닛 안에 들어가 체스를 두었
다는 설이 가장 일반적이지만, 그것을 입증하려면 먼저 '어떻게 상대
플레이어나 관람객에게 들키지 않았을까'에 대한 해명이 필요한 것
이다. 만약 체스 두는 기계가 실로 기계를 이용한 착시나 환시에 지
나지 않았다면 '투르크인' 전시는 과학을 가장한 마술쇼에 지나지 않
는다. 더 정확히 말하면 '투르크인'은 과학과 마술의 애매한 경계를
나타내는 상징적인 발명품이었다.

　　동시대 기록에 따르면 폰 켐펠렌은 태엽장치 같은 얼핏 정교해 보
이는 기계장치를 테이블에 고정시켰고 '투르크인'의 몸통과 함께 이
러한 기계 장치도 관람객들에게 전시했다. 투르크인의 몸통 안에 사
람이 들어가 조정하는 것이 아님을 해명하려는 듯 폰 켐펠렌은 태엽

장치와 다른 부속 기계들을 보여줌으로써 관객들의 의심의 눈초리를 모면하고자 했던 것이다.

이러한 기계장치를 통해 인간이나 동물의 모습을 재현한 발명품은 당시 '자동인형(automaton)'이라고 불렸다. '자동인형'의 기본 개념은 스스로 움직이는 기계로, 그 어원은 고대 그리스까지 거슬러 올라간다. 그러나 근대적인 개념의 자동인형은 17세기의 철학자이자 과학자였던 르네 데카르트(Rene Descartes)에 의해 재정의 되었다.
데카르트는 인간을 포함한 생물체의 구조가 어떤 법칙을 가진 기계적인 원리로 이루어졌음을 지적했다. 이로써 생명은 신비의 대상이 아니라 기계적으로 재현 가능한 대상으로 탈바꿈되었다. 17~18세기부터 등장한 근대적 자동인형들은 단지 생명체를 모방한 것이 아니라 생명체의 원리를 해독한 과학자들이 그것을 재현한 결과물이라는 데에 그 의의가 있다.

프랑스의 한 발명가가 개발한 '소화하는 오리(Digesting Duck)'는 오리의 소화구조를 재현해 사람이 곡물을 먹이면 배설하는 구조로 만들어졌는데, 오늘날의 생물학적 관점에서 보면 다소 얼토당토 않은 가설에 기대고 있었다. 게다가 기계 오리가 실제로 배설하는 것은 아니었으며 따로 저장된 배설물이 나오는 것으로, '소화하는 오

리'는 어디까지나 생물의 원리를 재
현하려고 한 것이지 그 자체를 복제하
려고 했던 시도는 아니었다.

자동인형의 계보에서 본다면 '투르
크인' 역시 단순한 사기극도, 과학적
정밀성에 의한 인간복제도 아닌, 생명
체로서의 인간을 '재현'하려는 시도

자크 드 보캉송(Jasque de Vaucanson)
소화하는 기계 오리

가 아니었을까? 설령 체스 두는 기계
가 인간의 뇌나 근육의 움직임 등을
정밀하게 모방한 수준에 이르지 못했더라도 기계적으로 인간의 원리
를 재구성하고자 했다는 점에서 당대의 과학적 상상력을 구현하고
있다고 볼 수 있다. '투르크인'을 관람하러 온 사람들은 이 상상력이
진짜 눈앞에서 벌어지고 있는 것에 대하여 경이로움을 표했을 것이
다. 따라서 폰 켐펠렌의 발명품을 단순히 관람객들의 환시나 착각으
로 치부할 수만은 없다. 그가 관람객들에게 선보인 이 대단한 기계
마술은 단순한 눈속임이라기보다는, 인간의 움직임과 지능이 기계적
으로 모방될 수 있다는 사람들의 상상력을 만족시켜준 발명품이었던
것이다.

비록 체스 두는 투르크인은 잿더미가 되어버리고 말았지만 그 후
에도 이 자동인형의 계보를 잇는 발명품들은 계속 등장했다.

'아지브(Ajeeb)'라고 불린 2세대 체스 자동인형은 영국의 가구공 찰스 후퍼(Charles Hooper)에 의해 1868년 왕립과학원(The Royal Polytechnic institution)에서 첫 선을 보였다. '아지브' 역시 완벽한 인간복제가 아니었으며 실제로 유명한 체스 플레이어에 의해 조정되는 기계에 불과했지만, '투르크인'의 경우처럼 사람들의 경이와 과학적 상상력에 대한 욕망을 충족시켜주기에 충분했다. 그런 점에서 자동인형은 마술과 과학의 불분명한 경계를 상징하고 있었다고 해도 과언이 아니다.

이런 점을 간파하고 있었던 일부 유명한 마술사들은 18세기부터 일찍이 그들의 실험정신을 무대 위에서 구현하는 데 앞장섰다. 이탈리아 출신의 지우제페 피네티(Giuseppe Pinetti)는 수학과 물리학에 정통한 교수였으나 학문보다는 무대 위에서 사람들을 즐겁게 하는 마술에 더 큰 흥미를 보였다. 결국 교단을 떠난 피네티는 유럽 각지에서 공연하는 인기 절정의 마술사가 되어 자신의 과학적 지식에 기반한 자동인형 묘기를 선보였다. 19세기 최고의 마술사로 불리던 장 유진 로베르-후댕(Jean Eugène Robert-Houdin) 역시 노래하는 새나 댄서, 컵과 공 묘기를 부리는 자동인형 마술로 유명했다. 그들은 특유의 실험정신과 해박한 과학지식을 동원하여 마술쇼에 자연과학을 동원하는 한편, 직접 기계를 발명함으로써 마술뿐 아니라 공학기술 수준을 한층 끌어올렸다.

〈불가사의한 아지브〉, 1886, 하버드 극장 컬렉션 사진
2세대 체스 두는 자동인형 아지브는 영국의 가구공 찰스 후퍼에 의해 개발되었다.

다양한 기계와 과학 지식을 응용한 현대 마술이 자동인형과 그 개발자인 마술사들에게 입은 수혜는 이루 말할 수 없이 크다. 언뜻 생각하기에 마술과 과학은 신비와 합리, 초자연과 자연 같은 이분법으로 나뉘는 것처럼 보이지만 마술의 역사는 정반대의 흐름을 보여준다. 근대의 마술사들은 자연의 신비로움을 과학적 합리성을 통하여 해결하고자 했으며 그런 면에서 그들은 과학자나 다름없었다. 마술과 과학의 상호작용, 체스를 두는 자동인형은 그 상호작용이 만들어낸 무대 위의 발명품이었다.

자연 마법의
교수
지우제페 피네티

18세기 귀족과 같은 화려하고 품위 있는 복장으로 이탈리아에서 인기를 누렸던 마술사가 있었다. 바로 지우제페 피네티(Giuseppe Pinetti, 1750~1803)이다. 당시 일반적인 마술사들의 경우 여기저기를 떠돌아다니며 눈속임을 통해 사람들에게 오락거리를 제공하는데 그쳤던 것에 비해 그는 물리와 수학을 전공한 교수였으며 왕립 과학학회의 회원이었다.

자연 마법의 교수
지우제페 피네티, 1750~1803

지우제페 피네티는 로마의 교수로 재미있는 과학의 원리를 보여주며 학생들과 사람들을 종종 즐겁게 하곤 했었다. 그러나 그는 대중들 앞에 서는 공연가가 되기로 결심 하고는 교단을 떠난 지 15년 후, 전 유럽을 뒤흔드는 마술사가 된다.

그는 1783년 파리에서 웅대한 쇼를 개최했다. 모자 꼭대기에 별이 달린 긴 원뿔 모자, 아름다운 보석과 수가 놓여진 의상, 그리고 어깨를 두른 화려한 망토. 그는 신화와 환상을 혼합시킨 모습으로 관객들 앞에 섰다. 마법의 굴렁쇠 묘기(마술사가 양손 엄지를 한 데 묶은 채 굴렁쇠를 팔 안으로 넣는 묘기)는 관중들이 제일 좋아하는 마술이었으며, 그를 더욱 유명하게 만든 마술은 바로 자동인형이었다. 터키 대왕이나 기계 새라 불렸던 자동인형 마술은 첫 공연 후 몇 달 치의 표가 미리 매진 될 정도로 대단한 인기를 모았다. 그는 자동인형 마술로 파리 시민들을 단숨에 사로잡았고, 1년 동안 같은 극장에서 공연을 계속하며 마술사로서 이름을 알리게 되었다.

1784년 런던에서도 그의 공연은 성공을 거두었다. '자동인형' 묘기 중에서 가장 뛰어나다고 하는 '터키의 작은 현인'은 초연 당시, 자동인형이 런던 시민들의 질문을 재치 있게 받아 넘겨 런던 시민들이 배꼽을 잡고 폭소하였다고 한다.

지우제페 피네티에게 이제껏 어느 마술사도 한 번도 보여주지 못 한 자신만의 특별한 마술이 있었는데, 바로 '투시'였다. 근대 마술의 아버지이자 '투시' 마술의 창시자로 알려진 로베르-후댕 보다 60년 앞선 것이었다. 그는 투시마술에 대해 기계학적, 물리학적, 철학적으로 최고의 걸작이라 일컬으며 자찬을 아끼지 않았다고 한다.

지우제페 피네티 마술의 비밀을 밝히기 위해 디스크램프가 발간한 『피네티의 해부』에 들어 있는 삽화. 지우제페 피네티가 임의로 뽑은 카드 한 장을 재로 만든 후 피스톨을 이용해 카드를 복구시키기 위해 공중에 카드 한 쌍을 던지는 장면

이후 그는 파리로 돌아와 자신이 연기한 서른 세 가지 묘기를 설명한 책을 발간하였고 1796년 러시아 순회공연 중 열병에 걸려 생을 마감하게 된다.

chapter. II
마술과 식민주의

01

인도 마술의 경이로움
서구 세계가 욕망하는 판타지 *fantasy*

오리엔탈리즘과 마술❶

빅토리아 시대의 인도 판타지

"마술단 일곱 명 중 두 명, 남자 한 명과 여자 한 명이 유명한 바구니 묘기를 선보였다. 남자는 가로, 세로, 높이가 각각 2피트, 1피트, 1.5피트 정도 되는 길쭉한 바구니를 갖고 있었다. 여자는 손발이 밧줄에 묶인 채 단단하게 매듭지어진 밧줄로 된 그물 속에 옮겨졌는데 사실상 자루 속에 들어가 있는 것 같았다. 그리고선 그녀를 들어 올려 무릎을 꿇려 바구니에 앉혔다. 두 살 정도 되는 아이도 꽉 찰만한 작은 바구니였기 때문에 그녀의 엉덩이 윗부분은 바구니 위로 나와 있었다. 여자는 고개를 숙였다. 마술사는 그녀의 어깨에 바구니 덮개를 씌우고는 그녀와 바구니가 시야에서 사라지도록 천으로 덮어버렸다. 1분여가 지난 후 천을 거둬내자 여자는 사라졌고 바구니 덮개가 제자리에 덮여있었다. 마술사는 약 5피트 길

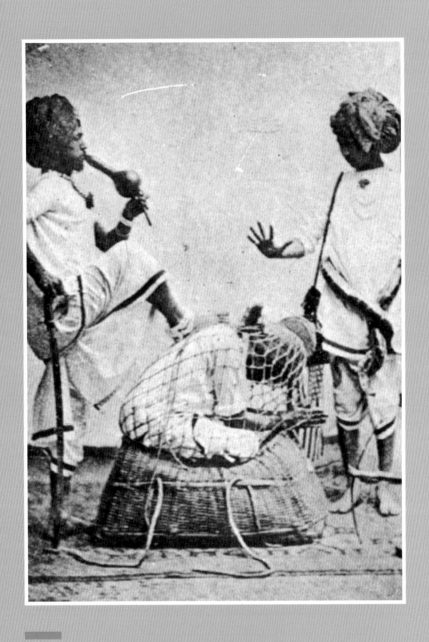

인도 바구니 마술. 그물에 덮인 남자를 사라지게 하기 직전의 모습이다.

이의 칼을 뽑아들어 가로로, 세로로, 위로, 아래로, 바구니의 모든 방향을 향해 칼을 찔러 넣었다. 바구니 안에는 인기척이 전혀 없었다. 마술사는 다시 천을 들어 우리에게 확인시켜준 후 그것을 넓게 펼쳐 바구니를 덮었고 텐트 모양마냥 천의 꼭대기를 들어올렸다. 땅에서 약 3피트 정도의 높이였다. 1분이 지나자 그는 천을 다시 거두었는데 이번에는 바구니 안에 여자가 원래대로 무릎을 꿇고 앉아 있었다. 그녀를 묶었던 밧줄과 그물은 사라진 채였다."

1884년 인도에 사는 한 영국인이 자신을 방문한 마술단의 묘기를 보고 나서 그 소감을 지면을 통해 밝혔다. 7명으로 구성된 마술단의 묘기 각각을 자세히 묘사한 이 글에서 그는 동방은 고대부터 마술이 보편적으로 성장해왔으며 인도만 해도 수천 명의 마술사가 있다고 덧붙였다.

"마술은 이곳(인도)에서 보편적인 소명 혹은 직업이며 선조로부터 계승되어 내려와서 무슬림이든, 힌두든 간에 자신의 아들에게 마술 외에 다른 직업을 가르치는 건 꿈도 못 꾼다"는 코멘트를 통해 이 영국인 필자는 인도가 동방의 여러 나라 중에서도 특히 마술사로 넘쳐나는 나라라는 것을 강조했다.

사실 인도에 마술이나 묘기에 뛰어난 자가 많다는 인상은 빅토리아 시대 영국에서 꽤나 널리 퍼져있는 상식과도 같았다. 인도가 대영

19세기 중반에는 인도 마술이 점차 신비성을 띠게 되면서 영국인은 초자연적이고 진기한 세계로 인도 마술을 정의하게 되었다.

제국의 식민지로 통합되기 이전부터 영국을 포함한 서구의 여행가들이 인도에 관한 감상을 책으로 남겼고 19세기 초반부터는 인도 마술에 대한 글이 등장하기 시작했다. 1858년 인도가 실질적으로 대영제국의 영향력 하에 들어가면서 인도에 관한 다양한 학술지나 저술, 신문 칼럼 등이 증가했는데 인도 마술에 관한 글이 폭발적으로 증가하여 특정한 이미지를 구축하기 시작한 것도 그 무렵이었다.

19세기 빅토리아 시대의 인도 마술에 대한 이미지는 크게 두 가지로 나뉜다. 첫 번째는 인도 마술사들은 뛰어난 손기술을 자랑한다는 것이며, 두 번째는 인도 마술사들은 서구 과학이나 이성으로는 도저히 설명할 수 없는 신비스러운 능력을 지녔다는 것이다. 손기술의 우월성에 관한 이미지는 19세기 초중반에 쓰여진 인도 마술에 관한 평에서 자주 발견된다. 컵과 공 마술이라든지, 공 여러 개를 떨어뜨리지 않고 반복해서 돌리는 저글링 등 저잣거리에서 펼쳐지는 인도인의 묘기

앙리 로뱅이 편찬한 잡지 『L' almanachillustré de Cagliostro』(1864)에 실린 삽화. 브라만교도 셰샬의 공중부양 모습.

는 당대 식민자인 영국인의 눈에 인도 원주민 만의 특별한 재주로 비춰졌다. 그러나 인도의 마술이 단지 재주나 기예만으로 설명된 것은 아니었다.

19세기 중반 이후부터 영국인의 시선에서 인도 마술은 점차 신비

19세기 초에 영국인들은 인도인들의 특별한 기예와 재주를 신기하게 바라보았다.

성을 띠게 된다. 1832년에 영국의 잡지 『새터데이 매거진(Saturday Magazine)』에는 브라만 교도의 공중부양 마술에 관한 이야기가 실렸는데, 단순한 손기술 이상의 초자연적인 현상들을 시현하는 인도의 마술사들은 영국 본토의 독자들까지 사로잡았다.

당대 인도의 공중부양 마술을 전했던 여행기나 칼럼을 보면 공중부양의 원리를 분석하거나 그 진위 여부에 대해 의심하는 시각보다는 인도의 수행자나 마술사들의 신비스러운 능력을 부각시키는 논지가 주를 이루었다. 영국인들은 알 수 없는 초자연적이고 진기한 세계, 그것이 바로 그들이 정의하는 인도의 마술이자 인도 그 자체였다.

인도마술의 이미지가 손기술이나 잔재주를 부리는 마술에서 신비스럽고 기묘한 마술로 전환해가는 과정은 빅토리아 시대의 영국인들이 인도를 어떻게 바라보았는가에 관한 근본적인 시각과도 밀접하게 연결되어 있다. 피식민자인 인도인은 서구인의 합리성과 객관성, 과학성에 대립적인 관계를 형성하면서 비합리적이고 초자연적이며 심지어 영적인 세계로 규정되어 갔다.

애초에 인도 마술사의 손기술이 강조된 것도 지적 노동보다는 신체 노동에 뛰어난 인도인이라는 선입관에 근거한 것으로, 인종적인 편견은 영국인과 인도인 사이의 위계적인 신체를 상상하는 자원이 되었음은 물론이거니와 제국 경영을 위한 육체노동에 인도 원주민을

▌ **중력을 거스르며 하늘 위로 솟아오르는 인도의 밧줄 마술**
이 마술은 '불가해한 인도' 라는 이미지를 더욱 강화시켰다.

동원하는 데에 좋은 구실을 제공했다. 그런데 이러한 위계적 신체관
이 시간이 갈수록 신비화 되면서 인도인이 영국인과 대립되는 완벽
한 타자(他者)의 위치에 서게 된 것이다. 인도에 수두룩하다고 알려
진 마술사들은 영국인의 세계관 저 너머에 위치하는 인도를 표상하
는 대표적인 존재였을 것이다.

인도의 밧줄 마술은 불가해한 인도라는 이미지를 더욱 굳건하게

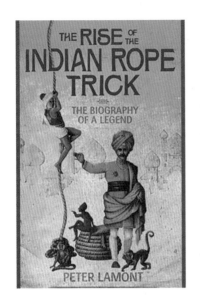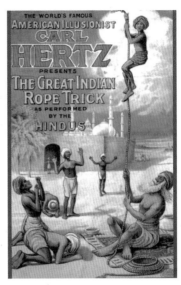

하는 마술 중 하나였다. 밧줄 마술은 여러가지 버전이 있다고 알려져 있지만 가장 유명한 마술의 구성은 다음과 같다. 마술사가 하늘로 밧줄을 던지면 그 밧줄이 중력을 무시하고 꼿꼿이 서게 된다. 밧줄의 끝은 하늘 끝까지 닿았는지 보이지 않을 정도이다. 마술사를 돕는 소년은 마술사의 요청대로 밧줄을 타고 올라간다. 더이상 보이지 않게 된 소년에게 마술사는 다시 내려오라고 하지만 대답이 없다. 그를 잡으러 마술사도 밧줄을 타고 올라간다. 이윽고 비명이 들리며 칼에 난

마술과 식민주의

하워드 서스톤의 마술쇼 포스터,
1927. 포스터에는 "동 인도 마술
묘기, 세계에서 가장 유명한 마술,
사상 최초로 인도 밖에서 공연"이
라는 문구가 적혀있다.

자당한 소년의 사체가 하늘에서 떨어진다. 마술사는 소년의 몸통과 토막난 사지를 바구니에 주워 담는다. 이윽고 소년이 그 바구니에서 다시 걸어 나와 관객들 앞에 선다.

인도 밧줄 마술의 내러티브는 그 마술을 실제로 관람한 사람들의 증언에 의해 다양한 버전으로 개작, 확산되어 갔다. 우주의 중력과 인간의 섭리를 철저하게 무시한 이 밧줄마술은 영국인에게 신비한 세계로 각인된 인도를 재차 확인시켜주었다. 물론, 마술에 불가해한 비밀은 없다고 믿으며 밧줄 마술이 사기에 불과하다고 주장하는 사람들도 있었다.

1890년 『시카고 데일리트리뷴(the Chicago Daily Tribune)』에는 밧줄 마술은 사기이며 관객들이 그 마술을 믿은 이유는 최면효과일 뿐이라고 주장하는 기사가 실렸다. 어떤 마술사들은 작열하는 태양빛 때문에 눈이 부셔서 나타난 착시효과라고 주장하기도 했다. 그러나 실제 원리가 어찌되었건 간에 그러한 주장이 밧줄 마술의 신비감을 갉아먹는 일은 일어나지 않았다. 어쩌면 마술의 비밀보다 관객들이 원했던 것은 환상 그 자체였을지도 모른다. 게다가 이 환상적인 인도마술은 합리적이라고 자칭하는 서구사회에서 모방되어 마술쇼 무대에 선보이게 되었다. 인도에서 온 마술이라는 아우라는 관객들의 인도 판타지를 부추기는 효과적인 흥행 요소였다.

밧줄 마술 외에도 제국의 마술사들은 다양한 인도 마술을 모방했

로베르 - 후댕의 에테르를 이용한 공중부양마술을 기록한 그림. 당시 마취제의 일종인 에테르가 발견되었었는데, 로베르-후댕은 아들을 허공에 띄우기 전 에테르를 무대에 흠뻑 뿌렸다고 한다. 그러나 에테르는 관객들에게 보이기 위한 마술적 연출일 뿐 공중부양을 일으키는 과학적인 원리는 없다.

다. 앞서 소개한 공중부양 마술도 그 중 한가지였는데 19세기 최고의 마술사라고 일컬어지는 프랑스 출신의 로베르-후댕도 인도에서 직수입한 공중부양 마술을 무대 위에 도입했던 마술사 중 하나였다. 빅토리아 시대의 영국인들에게 제국의 타자로서 비춰졌던 인도인은 아이러니하게도 바로 그 '타자성' 때문에 서구 사회에서 모방의 대상이 되었다. 마술이 신비롭고 초자연적인 세계를 사람들의 눈앞에 드러내어 믿게 하는 예술인 이상, 신비로운 타자인 인도는 가장 효과적인 소재였을 것이다.

탈식민주의 연구의 대표적인 저작인 에드워드 사이드(Edward W. Said)의 『오리엔탈리즘(*Orientalism*)』에서 사이드는 오리엔탈리즘을 서구 세계가 만들어 낸 동양에 대한 이미지라고 지적했다. 즉, 서구 사회에서 동양은 동시대의 역사상 그대로 존재하는 것이 아니라 서구사회가 욕망하는 대로 상상된 세계인 것이다. 빅토리아 시대의 영국인들에게 신비스럽고 환상적인 타자로서 깊이 각인된 인도는 사이드가 말한 오리엔탈리즘의 가장 전형적인 예라고 할 수 있다. 인도 마술의 경이로움은 대영제국의 영국인들이 인도인의 타자성을 확인하는 좋은 구실이었던 동시에 그들이 '보고 있는' 인도가 아닌 '보고 싶어 하는' 인도를 보여주는 효과적인 매개체였다.

악마와
대화를 나누는 마술사
해리 켈라

해리 켈라(Harry Kellar, 1849~1922)는 여러 대륙을 오가며 명성을 누린 미국 최초의 마술사이다. 그는 최면에 걸린 여자를 공중에 띄워 올린 뒤 커다란 굴렁쇠로 통과시켜, 아무것도 연결된 것이 없이 떠 있다는 것을 보여주는 공중부양 마술로 유명하다. 그의 마술은 오늘날 공중부양 마술의 기본 교과서로 불리게 되었고, 많은 후배 마술사들에 의해 계속해서 재현되었다.

악마와 대화를 나누는 마술사 해리 켈라, 1849~1922

그는 국제적으로 이름을 알린 뒤 마술의 대부로 불리며 많은 마술사를 키워냈다. 그의 본명은 하인리히 켈러(Heinrich Keller)로 미국에 정착한 독일 이민자이다. 불우했던 어린 시절 그는 일찍 집을 떠나 목사의 손에 자라며 성직자의 꿈을 키웠다. 그러나 열두 살 때 유명한 영국 마술사의 조수로 6년간 활동을 하면서 그의 꿈은 바뀌게 되었고, 1868년 데번포트 형제(Davenport Brothers)의 심령쇼를 도우며 성공적으로 쇼를 보여주기 위한

108

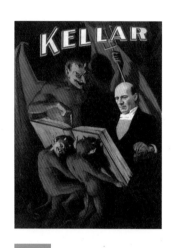
해리 켈라의 포스터. 그는 악마를 포스터에 사용해 관중들의 관심을 끌었다.

기술을 습득하게 된다. 기술만큼이나 의상과 사람의 시선을 끄는 화술도 중요하다는 것을 알게 되게 되면서 그는 무대에 오르기 전 이에 대한 준비도 더욱 철저히 했다.

그가 활동을 시작할 당시 로버트 헬러(Robert Heller)라는 이미 이름을 알린 유명한 마술사가 있었다. 젊은 마술사였던 그는 앞으로 명성을 쌓기 위해 관객들이 이름을 혼동하지 않도록 자신의 이름을 켈라(Kellar)로 바꾸었다.

해리 켈라는 자신의 공연 포스터에 악마를 적극적으로 활용하여 대중들에게 관심을 산 것으로 유명하다. 악마는 오래 전부터 사람들에게 마법과 신비한 힘을 연상시켜 왔기 때문에 로베르-후댕, 알렉산더 헤르만(Alexander Herrmann)등 유명 마술사들은 악마를 포스터에 그려넣거나 악마와 비슷한 모습으로 무대에 오르곤 했었다. 켈라 역시 악마를 자신의 포스터에 그려 넣으며 '악마와 대화를 나누는 마술사' 라는 이미지로 대중들에게 어필하였다.

마술사 해리 켈라의 쇼는 라틴 아메리카 전 지역에서 초청장이 쇄도할 정도로 성공적이었지만, 켈라의 삶은 순탄하지만은 않았다. 유럽행 배가 좌초되어 장비와 돈을 날리고, 은행이 파산하는 일까지 이어지면서 수없이 힘겨운 일들을 겪어야 했다. 그러나 켈라는 좌절하지 않고 마술사의 길을 걸었다. 유럽 순회공연을 기반으로 그는 장비들을 사 모으며 일어서게 되었고 다시 세계를 무대로 하는 마술사로서 명성을 쌓게 되었다.

그 후 헤리 켈라는 1884년과 1892년 이집트풍의 공연장 이집션홀을 열어 자신의 극장에서 왕성히 활동했다. 1908년 후계자를 하워드 서스턴으로 정한 뒤 마술사로서 은퇴를 선언했으며, 집필활동과 마술사들을 양성하는 데에 힘을 쏟던 끝에 1922년 3월 인플루엔자로 인한 폐출혈로 생을 마감했다.

해리 켈라는 최면에 걸린 여자를 공중에 띄워 올린 뒤 커다란 굴렁쇠로 통과시키는 공중부양 마술로
이름을 널리 알렸다. 그의 마술은 공중부양마술의 교과서로 불리게 되었으며 많은 후배 마술사들에
의해 계속 재현되었다.

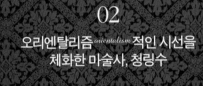

02
오리엔탈리즘 *orientalism* 적인 시선을
체화한 마술사, 청링수

오리엔탈리즘과 마술❷
청링수의 두 얼굴

우디 앨런(Woody Allen) 감독의 영화 〈매직 인 더 문라이트(*Magic in the Moonlight*)〉(2014)는 한 중국인 마술사의 마술쇼와 함께 시작된다. 배경은 1928년 베를린의 한 극장, 유럽 전역을 사로잡은 마술사 웨이링수(Wei Ling Soo)가 등장한다. 변발에 길고 가는 수염, 그리고 화려한 중국 전통의상을 입은 모습이다. 그가 덩치 큰 코끼리를 무대에서 사라지게 하자 유럽인 관객들은 탄성을 지르며 박수갈채를 보낸다. 마술쇼를 끝내고 대기실로 들어온 웨이링수는 무대 밖 자신으로 돌아온다. 변발을 벗고 수염을 떼내며 의상을 벗자 그의 진짜 얼굴이 보인다. 단순한 분장이 아니다. 그는 중국인이 아니라 영국의 백인 마술사 스탠리(Stanley)였던 것이다.

헨리 에반스(Henry R. Evans)의 1906년 책 『구미술과 신미술(*The Old and the New Magic*)』에 실린 청링수

스탠리와 웨이링수가 같은 인물이었다는 영화적 설정은 마술이 기본적으로 마술사의 속임수와 관객의 착각 사이에서 벌어지는 종합예술임을 드러내는 흥미로운 장치이다. 그런 점에서 중국인으로 분한 영국인 마술사의 이야기는 매우 독창적인 구상처럼 느껴진다.

그러나 현실은 항상 예술작품을 능가하는 법. 20세기 초에 높은 인기를 구가했던 한 미국인 마술사는 우디 앨런이 만들어낸 스탠리라는 인물보다 훨씬 극적으로 스스로를 변신시켰다고 전해진다.

중국인 마술사 청링수(程連蘇)와 미국인 마술사 윌리엄 엘즈워스 로빈슨(William Ellsworth Robinson). 이 둘이 사실 동일인물이었다는 것은 안타깝게도 그가 마술쇼 도중 사고를 당하여 생을 마감하기 직전에서야 밝혀졌다. 그의 유명한 마술 레퍼토리 중에 하나였던 총알잡기 마술을 하던 중 실수로 실탄이 발사되는 바람에 총에 맞은 윌리엄 로빈슨은, '청링수'로서 살았던 지난 이십여 년 동안의 오랜 비밀 역시 끝까지 지켜내지 못한 채 눈을 감았다.

　윌리엄 로빈슨은 1861년 미국 뉴욕에서 출생한다. 그의 본명은 윌리엄 엘즈워스 캠벨(Campbell). 19세기 말의 뉴욕에서는 산업화를 배경으로 중산층의 성장과 함께 화려한 무대 공연을 보여주는 쇼 비즈니스 보드빌이 한창 번성했다. 싸구려 술집에서 밤무대 공연이 주를 이뤘던 기존의 예능이 극장의 규모로 발전함과 동시에 춤, 노래, 코메디, 마술 등 종합예술로서의 내실을 갖춰나가며 중산층의 문화적 욕망을 달랬다. 이러한 시류에 편승하듯 윌리엄은 캠벨이라는 원래의 성을 버리고 윌리엄 빌리(Billy) 로빈슨이라는 예명으로 마술사로서의 커리어를 시작한다. 초반에는 그리 유명하지도 않은 마술사였지만 로빈슨은 당시 보드빌 공연의 속성을 잘 이해하고 있는 매우 영리한 예능인이었다. 천부적인 예능인이자 마술사로서 그는 어떻게 하면 중산층 관객들이 그에게 열광할 수 있는지 감각적으로 알고 있었고 공연의 흥행을 위해 극장 무대 장치를 적극적으로 활용했다. 조명기구와 어두운 휘장을 사용하여 극적인 방식으로 사물을 나타나게 하거나 사라지게 하는 마술을 선보인 로빈슨의 마술은 관객들의 주목을 끌기에 충분했다.

　현시와 소멸의 예술인 그의 마술은 1900년에 커다란 전기를 맞이한다. 그는 단순히 사물을 사라지게 하는 마술을 넘어서, 자기 자신

칭링푸(金陵福), 1854~1922
1898년 미국 공연 당시 만들어진 엽서

을 사라지게 하고 새로운 얼굴을 앞세우기로 한 것이다. 당시 미국에서 유명세를 모으던 중국인 마술사 칭링푸(Ching Ling Fu, 金陵福)는 로빈슨에게 영감 그 자체였다. 입 속에서 끝없이 리본을 뽑아내거나 소년을 참수하는 마술 등으로 유명했던 칭링푸의 뛰어난 기술뿐 아니라 변발과 전통의상, 중국 전통 풍의 무대 장치가 로빈슨을 매료시켰다. 그는 칭링푸를 모방해서 자신의 무대에 중국풍의 소품과 색감을 이용하는 것에서 한 발 더 나아가 아예 중국인이 되기로 결심했다. 마술사 청링수는 그렇게 탄생했다.

그는 철저하게 자신을 중국인으로 위장했다. 공개적으로는 말을 하지 않았고 중국인 통역사를 통해 소통했다. 심지어 코카서스인인 아내도 중국인으로 분했다. 무대는 화려한 중국풍이나 인도, 이슬람 양식의 장치로 꾸몄으며 칭링푸에게 영감을 받아 빈 사발에서 물결을 일으키는 기적적인 마술을 선보이기도 했다. 무대 위 뿐만 아니라 무대 밖에서도 청링수라는 가면을 씀으로서 그는 자신의 인생 전체를 무대로 만들어 버렸는지도 모른다.

한편, 1900년 영국 런던으로 건너온 윌리엄 로빈슨, 아니 청링수에게 예상치 못했던 위기가 찾아온다. 1899년 중국 대륙에서는 백련교를 모태로 한 의화단(義和團)이 외세배척운동을 일으킨다. 서구열강에 의해 반식민지화가 급속하게 진행되던 19세기 말, 특히 서구열강이 이권을 다투던 산둥성 지방에서는 독일의 철도 부설에 따른 위기감과 기독교에 대한 반발감이 날로 심화되었다. 게다가 1898년 즈음에는 최대의 가뭄 피해로 인해 많은 유민들이 발생하였고 이들이 대거 의화단으로 흘러들어가게 되면서 부청멸양(扶淸滅洋) 즉, 청나라를 돕고 서양세력을 물리치자는 구호에 많은 중국인들이 동참하게 된다. 중국의 이권 침탈에 동참했던 영국 역시 날로 격해지는 의화단의 대규모 저항을 피해갈 수 없었다. 1900년 6월 의화단 세력이 베이징의 외국인 공사관을 점령하고 하북성과 산시성을 중심으로 일으킨 대규모 폭동으로 기독교 선교사와 중국인 기독교 신자 등 많은 사람들이 살해되었다. 학살과 방화, 폭력 등 의화단 세력의 거센 저항은 영국인들에게 중국인에 대한 분노와 혐오감을 불러일으켰다.

영국 내 중국에 대한 혐오감이 날로 고조되는 상황에서 중국인 마술사에 대한 영국인들의 반응이 긍정적일리 만무했다. 중국인 청링수로 분한 로빈슨에게 자칫 마술사로서의 커리어가 위험해질 수도 있는 상황이었다. 그러나 로빈슨은 청링수라는 분신을 포기하지 않

1898년 1월 15일 프랑스 신문 『르 프티 주르날(Le petit Journal)』에 실린 만평. 당시 열강들에 의한 중국 상황을 풍자했다.

연합군과 의화단의 전투를 묘사한 그림
19세기 말 중국 대륙에서 서양과 기독교에 대한 반발감으로 의화단이 외세배척 운동을 일으켰다.

는 대신 중국에 대한 영국 내부의 반발심을 자신의 쇼에 적극적으로 활용하는 방법을 택했다. '의화단이 내린 사형선고(Condemned to Death by the Boxers)' 라는 이름이 붙은 총알잡기 마술이 바로 그것이다. 의화단의 무술동작이 마치 권투선수 같다고 하여 당시 서구 사회에서는 의화단을 '복서(Boxer)' 라고 불렀는데 청링수는 자신의 무대에 의화단 복장을 한 조수를 등장시켜 관객들에게 소위 '의화단의 난(the Boxer rebellion)' 을 오히려 적극적으로 상기시켰다. 대신

의화단을 마술의 소재로 삼은 청링수의 '총알잡기' 포스터, 1910

총알잡기 마술에는 관객들 사이에 공유된 동시대적 분노감을 비틀어 버릴 수단이 있었으니, 그것이 바로 청링수가 조수가 쏜 총알을 잡아내어 죽음을 모면하는 쇼였던 것이다. 이 총알잡기 마술은 청링수의 대표작이자, 아이러니하게도 그를 죽음으로 몰아넣은 비극적인 쇼로 기억되고 있다.

청링수의 쇼는 영국을 포함한 유럽에서 큰 인기를 끌었다. 특히 관객들과 미디어의 관심은 희대의 두 중국인 마술사, 청링수와 칭링푸의 라이벌 관계에 쏠려있었다. 청링수와 칭링푸는 서로가 자신이 원조이며 상대방이 자신의 마술을 모방했다고 주장하면서 관객들의 반응은 더욱 열광적으로 변해갔다. 원래 싸움 구경이 제일 재미있는 법이다. 1905년 초 런던의 한 극장에서는 드디어 그 둘을 한 무대에서 함께 볼 수 있는 세기의 대결이 펼쳐질 예정이었다. 누가 중국 최고의 마술사인가를 판가름할 역사적인 공연이 될 수도 있었다. 그러나 칭링푸는 나타나지 않았고 최고의 마술사는 끝내 가려지지 못했다.

마술 장치 제작자이자 마술에 대한 여러 저작을 남긴 미국의 짐 스타인마이어(Jim Steinmeyer)는 방대한 사료를 찾아내어 청링수의 일대기에 관한 책 『빛나는 속임수: 윌리엄 로빈슨 혹은 "놀라운 중국인 마술사" 청링수의 이중생활(The Glorious Deception: The Double Life

Of William Robinson, Aka Chung Ling Soo, The "Marvelous Chinese Conjuror." 』을 출판한다. 자신의 책에서 스타인마이어는 청링수와 칭 링푸가 오랜 세월 동안 갈등관계에 있었을 것이라 추측했다. 그러나 그들의 갈등관계보다 더욱 흥미로운 것은 중국인 마술사의 라이벌 관계에 열광적으로 호응하는 관객들의 반응이다. 사람들의 관심을 먹고 사는 쇼나 예능 산업에서 라이벌 관계는 한 쪽이 이기면 다른 쪽은 묻히고 마는 제로섬 게임이 아니다. 라이벌은 쇼에 재미를 배가시켜 양 쪽 모두에게 이득이 된다. 즉, 윈-윈 게임인 것이다. 청링수 와 칭링푸의 라이벌 관계도 다르지 않았을 것이다. 그들이 실제로 갈 등관계에 있었든 없었든지 간에 마술사로서의 커리어에 라이벌 관계 는 득이면 득이었지, 실은 아니었을 것이다.

관객들이 두 중국인의 쇼에 지대한 관심을 가졌던 이유는 단순히 그들이 '라이벌'이었기 때문만은 아니다. 그들이 '중국인'이었기 때문이었다. 정확히 말하면 청링수와 칭링푸가 중국인으로서의 인종적 혹은 국민적 정체성을 갖고 있었기 때문이 아니라, 관객들의 눈에 무 언가 동양적인 것, 혹은 이국적인 환상이 '중국적'이라고 느껴졌기 때문이다. 오리엔탈리즘은 이렇듯 시선의 문제로부터 발생한다. 시 선의 대상이 되는 동양이 애초에 어떤 성질이나 특성을 가지고 있기 때문에 서구 사회에서 그렇게 바라보게 되는 것이 아니라, 서구의 이 국 취미나 동양적인 신비감에 기반하여 동양을 제 식으로 규정하는 것이야 말로 오리엔탈리즘의 속성이다. 비록 청리수가 실제로 중국인이 아니었다 하더라도, 미국 출신의 코카서스인이 중국에서 온 마술사로 성공적으로 변신할 수 있었던 이유는 바로 관객들 스스로 그렇게 보기를 욕망했기 때문이다.

어쩌면 청링수 자신도 오리엔탈리즘적인 시선을 체화한 가운데 중국풍의 소품과 장치, 기법 등에 매료되어 스스로 중국인처럼 행세하게 되었을지도 모른다. 환영과 착시가 만들어내는 마술이 극장의 무대로 옮겨와 오락산업으로 성장하던 20세기 초, 낯설면서도 환상적인 중국이라는 세계는 청링수도, 청링수에게 모여든 서구의 관객들에게도 경이롭고 놀라운 마술적 세계로 비춰졌다. 동양에 대한 대중적 환상은 의화단 운동 이후의 집단적인 트라우마를 넘어서 모종의 공포감 어린 신비감으로 둔갑해버렸으며 결과적으로 청링수는 중국인으로서도 마술사로서도 자신의 정체성을 이어나갈 수 있게 되었다.

마술사 청링수의 두 얼굴은 드라마틱한 개인사가 주는 흥미로움 외에도 마술이라는 오락을 가능케하는 기본적인 원리에 대해 많은 철학적인 질문들을 안겨준다. 사람들은 보이는 것을 그대로 보는 것이 아니라 자신이 보고 싶어하는 것을 본다. 마술은 그 욕망을 간파하여 착시의 효과를 만들어 낸다. 또한 신비로운 대상에 대해 사람들이 갖게 되는 이중적인 감정, 즉 두려우면서도 탐하고 싶은 인간의 모순적인 감정은 마술의 긴장감을 고조시키곤 한다. 중국인으로 자신을 위장시켜 중국적인 마술에 탐닉하고 나아가 그것에 탐닉하는 관객들의 욕망을 만족시키려 한 마술사 청링수는 착시와 모순으로 뒤섞인 동시대적 서구 사회의 오리엔탈리즘을 몸소 체현하며 살아갔는지도 모른다.

그는 동양의 마술사처럼 보이기 위해
엄청나게 많은 리본과 종이테이프, 쌀
을 만들어 관중들을 열광하게 하였다.

총알잡기,
신비한 마술사
청링수

토요일 저녁 런던의 어느 고급 극장에서 비단 옷을 입은 어느 중국인 마술사가 중국 접시를 들고 무대 오른편에 섰다. 무대 왼편에는 갑옷을 입은 두 명의 중국인 병사가 중국인에게 총을 겨누고 있다. 관중들은 똑똑히 두 눈으로 이 묘기를 지켜보기 위해 숨을 죽인 채 기다리고 있다. 이제 두 발의 총성이 울렸고, 중국인은 자신의 심장을 날아드는 총알을 접시로 잡아냈다. 그러나 중국인의 가슴과 등에서 검붉은 피가 비

동양인으로 분장했던 마술사 청링수, 1861~1918. 1916년에 촬영된 것으로 추정되는 청링수의 여권사진.

단옷 위로 흘러내렸다. 베일에 싸였던 신비의 중국인 마술사 청링수는 안타깝게도 이 공연을 끝으로 생을 마감하게 되었다.

위험과 죽음을 초월하는 묘기는 마술의 단골 레퍼토리이다. 총알잡기 역시 불가사의한 힘으로 죽음에 맞서려던 마술사들에 의해 무대 위에 보여져 왔으며, 청링수처럼 총알을 접시로 막아내는가 하면 이빨로 총알을 받아내는 등 여러 가지 형태로 발전해 왔다.

그러나 '총알잡기'의 역사는 피로 얼룩져 있다고 해도 과언이 아니다. 많은 마술사들이 총알잡기를 선보이다 총상을 입거나 그 자리에서 즉사하는 사고가 잇따랐으며 어느 마술 역사가는 시작되지 말아야 할 묘기라 일컬을 만큼 총알잡기는 마술사에 있어서 많은 사고를 빚어 왔다.

청링수 역시 기술적 결함으로 실탄이 발사 되는 바람에 일찍 죽음에 이르게 되었다. 당시 한창 총알잡기 묘기로 절정의 인기를 누리며 동양인 열풍을 몰고 왔던 청링수의 죽음은 모든 신문에서 대서특필로 다룰 만큼 큰 사건이었으며, 그가 평생 지켜왔던 비밀마저 대중들에게 알려지게 되었다.

청링수(Chung Ling Soo, 1861~1918)는 신비로운 중국인 마술사로 사람들에게 불렸으나, 실은 미국인이었으며 본명은 윌리엄 엘즈워스 로빈슨(William Ellsworth Robinson)이다. 그는 총알잡기를 비롯해 중국식 고리 잇기, 물 사발 묘기 등 독창적인 묘기로 관객들의 인기를 모았다.

청링수로 변장하기 이전 그가 마술사로 활동하기 시작한 것은 19살 때였다. 그는 여러 극장을 돌며 다재다능한 미국인 마술사로 평가 받았지만, 대중들에게 좀 더 특별한 이미지로 자리를 자리잡기는 역부족이었다. 그는 자

청링수는 총알 묘기에서 중국식 버들 접시를 이용했다.

신의 이미지를 더욱 특별하게 각인시키기 위해 동양의 매력에 빠져 있는 대중들을 심리를 적극 이용하게 된다. 그는 완벽한 동양인의 모습을 하기 위해 무대 위에서는 항상 긴 중국식 비단 옷을 입고 길게 머리를 땋아 내렸다. 눈부신 의상과 동양풍의 무대 장식은 동양의 매력에 빠져있는 대중들에게 감탄을 자아냈으며 서구 마술의 화려함이 누추하게 느껴질 정도였다. 공연은 대부분 무언극으로 진행되었는데 그가 간혹 말을 할 때는 어눌한 말투로 '감사합니다' 와 같은 간단한 말 뿐이었다. 동양의 예절을 보여주는 듯한 겸손한 태도와 제스처 또한 사람들의 흥미를 끌었으며, 당시 동양인에게 공포를 가지고 있던 호주사람들은 그의 공연을 통해 동양인에 대한 거부감을 해소할 수 있었다고 한다.

청링수가 죽은 후 그의 비밀이 세상에 알려지게 되었지만, 동양인을 모방했던 청링수에 대한 기억은 쉽게 사라지지 않았다. 청링수를 모방한 마술사들이 우후죽순 생겨났으며, 대중들의 오리엔탈리즘에 대한 열기 또한 한동안 계속되었다.

03
제국의 *imperial* 마술
식민지의 문화 폭력이자, 두려움의 증표

마술은 제국의 힘

알제리 현자들을 홀린 로베르-후댕의 금고마술

때는 1856년, 은퇴한 당대 최고의 마술사 로베르-후댕은 프랑스령 알제리 식민 정부의 요청을 받고 알제리로 떠났다.

"알제리에 도착했을 때 드느뵈(François - Édouard de Neveu)대령이 일부 카빌리(Kabylia) 부족이 반란을 일으켜 총독이 반란 진압을 위해 파병군을 보냈다고 이야기했다. 그 결과 아랍 추장을 기리는 축제는 한 달이나 미뤄졌고 내 공연 역시 그만큼 연기될 수밖에 없었다. 드느뵈 대령은 연장된 고용 계약서를 내밀었고 나는 총독에게 의지하고 있는 몸이니, 나도 군인이라는 생각으로 무슨 일이 일어나든 내 직위에 충실하겠다고 대답했다. 대령은 나의 뜻에 감사하다며 몹시 흡족해 했고 나와 아내가 이곳에 온 것을 후회하지 않도록 신경을 써주겠다고 했다. 또한 공식적인 공연을 기다리는 동안 마을 극장에서 가벼운 공연을 할 수 있도록 돕겠다고 했다. 나는 그의 배려에 대해 감사 인사를 전했다. 그러나 대령은 오히려 자신들이 나에게 도움을 받게 되어 감사하다며 다음과 같은 이야기를 전했다."

"카빌리 출정 동안 알제리인들에게 공연을 보여주시는 것에 대해서는 저희가 오히려 감사하지요. 로베르-후댕 씨가 큰 도움을 주시는 겁니다. 우리는 알제리인들의 마음을 이용하고자 합니다. 그렇게 해서 군사작전 중에 벌어질 수 있는 만일의 사태에 대해 그들이 예상하는 것을 막아야지요. 그렇지 않으면 식민정부에 큰 해가 될 수도 있습니다."

공연계를 떠난 로베르-후댕은 1859년에 출간된 회상록에서 3년 전 자신에게 도움을 요청했던 알제리 식민 정부의 속사정을 밝혔다.
1830년에 프랑스군이 알제리를 침략한 이후, 알제리는 프랑스의 식민지가 되었으나 알제리 곳곳에서 반불(反佛)저항운동이 끊이지 않았다. 알제리 북부에 위치한 카빌리는 프랑스 식민통치에 가장 극렬하게 반대하던 지역이었다. 저항의 성지였던 카빌리의 반란군을 진압하기 위해 프랑스 군대가 군대를 파견하고 1857년에 결국 카빌리의 반란을 진압한다. 그런데 이 진압 작전에 대해 로베르-후댕은 흥미로운 후일담을 전한다. 물리적 제압 작전 외에 알제리 주민들의 저항감을 최소화하기 위한 정신적인 교화 작전이 추가되었던 것이다. 어떻게 해서 마술이 제국의 전투에 도움이 되었던 것일까? 드느뵈 대령이 로베르-후댕을 프랑스 군인으로 추대했던 것은 과장이 아닌, 실제적인 역할을 가리켰던 것이었을까?

1856년 로베르-후댕이 알제리 주민들에게 선보였던 마술쇼는 19세기 마술의 식민주의적인 성격을 보여준다. 마술이 프랑스를 포함한 유럽대륙에서 과학과 공연예술의 대중화의 매개체로 자리 잡은 19세기 무렵, 북아프리카의 식민지에서는 그와 전혀 다른 모습으로 제국의 폭력을 합리화하는 도구로 사용되었다. 여기서 폭력이란 신체적인 폭행이나 무기를 이용한 전투만을 가리키는 것이 아니며 폭력을 사용하는 가해자도 군대나 경찰 등 식민 정부의 공식적인 기관만으로 한정되는 것은 아니다. 제국은 언어, 문화, 사상적으로도 일종의 폭력을 가했는데 그 방식은 주로 제국의 입장에서 식민자의 위치를 열등하거나 미개한 타자로 규정하는 것이었다. 앞에서 소개한 오리엔탈리즘 역시 제국의 위치에서 식민자를 일방적으로 규정하는 시선의 대표적인 사례이자, 오리엔탈리즘적인 시선이 확대 재생산되면서 문화적 폭력을 반복했다고 볼 수 있다. 피식민자인 알제리 주민이 열등하고 미개한 인종으로 규정된다면 식민자인 프랑스인은 반대로 우등하고 문명화된 인종으로 상대화될 수 있었다. 이를 통해 프랑스 식민 정부는 알제리와 프랑스를 문화적으로 서열화함으로써 알제리 침략을 정당화하는 한편, 알제리 주민들에게는 프랑스의 진보된 문화를 통해 그들을 계종할 수 있다는 환상을 심어주었다.

그런데 마술이 그러한 문화적 폭력의 중요한 수단이 될 수 있었던 이유는 무엇일까? 19세기의 유럽 마술은 시장통이나 광장에서 펼쳐지는 단순한 속임수나 묘기를 넘어서 근대 과학과 기술적 성취를 많은 사람들에게 효과적으로 전시할 수 있는 통로로 자리 잡았다. 게다가 사람들이 무질서하게 모여 있는 열린 공간이 아니라, 신기술을 선보이는 마술사와 주어진 마술을 보는 관객으로 확실하게 구분된 극장으로 마술쇼의 무대가 전환되었다. 그에 따라 마술은 근대적인 과학과 대중예술이 만나는 접점에서 문명의 성취를 시각화, 대중화하는 수단이 되었던 것이다.

시계공 출신으로 기계 제조에 뛰어났던 데다가 마술에 전자기학을 도입하는 등 마술쇼를 일종의 과학적인 실험실로 이용한 로베르-후댕은 마술을 근대화시킨 장본인으로 꼽힌다. 게다가 마술쇼의 무대를 극장으로 옮겨 턱시도를 입고 마술을 하는 등 당시에는 파격적인 변화를 주도한 것 역시 그였다. 근대 마술을 고안하고 그 형식을 보편화시킨 로베르-후댕이 알제리 식민 정부의 부름을 받은 것은 어쩌면 필연적인 결과일지도 모른다. 로베르-후댕의 마술은 프랑스가 이룩

알제리인이 쏜 총알을 잡아내는 마술
그는 프랑스 정부의 임무를 받아 식민정책에 저항하는 알제리인들을 정신적으로 무력화시키기 위한 마술을 펼쳤다.

한 문명을 시각적으로 재현하는 데 가장 적합한 통로였던 것이다.

물론, 프랑스령 알제리의 식민 정부가 로베르–후댕을 초빙하기까지는 결정적인 계기가 있었다. 당시 알제리의 저항 세력에서 큰 영향을 끼치던 이슬람의 은사집단 마라부(Marabout)는 식민 정부의 큰 골칫거리였다. 그들은 이슬람 공동체에서 일종의 종교 교사의 역할을 맡고 있었는데 마술이나 주술적인 의식, 민간치료요법 등을 통해

로베르 - 후댕의 마술 레퍼토리
해리 후디니의 책 『로베르 - 후댕 마술의 비밀(the Unmasking of Robert - houdin)』, 1908.

알제리 주민들에게 큰 영향력을 행사하였다. 프랑스 식민 정부는 마라부의 정치적, 종교적 영향력의 확대가 반불 세력의 성장으로 귀결될 것을 경계했다. 이때 마라부에 대항할 세력으로 식민 정부가 생각해 낸 존재가 바로 로베르 – 후댕이다. 여기서 바로 식민주의에 협력하는 근대마술이 탄생했던 것이다. 드느뵈 대령과 로베르 – 후댕의 대화가 나타내듯이 제국의 마술은 알제리 사람들의 마음을 정치를 위한 수단으로 파악하고 있다. 알제리 사람들의 마음을 사로잡아 저

항세력으로부터 정신을 빼앗는 한편, 프랑스 식민 정부가 원하는 가치관을 주입시키는 것이 바로 '마음을 이용' 하는 방법이다. 프랑스에서 온 마술사는 마라부의 미신적인 주술이나 묘기보다 과학적이고 월등한 이론과 기술을 무장한 문명인의 역할로 비춰져야 했으며 그런 의미에서 로베르−후댕은 독립적으로 존재하는 개인이 아니라 '프랑스인' 의 사명을 부여받아야 했다. 그의 마술쇼가 알제리인들의 마음을 사로잡는 순간, 비로소 프랑스는 알제리보다 문명화된 제국으로서의 위치를 '승인' 받게 되는 것이었다.

문명인으로서 그리고 프랑스인으로서 제국의 사명을 부여받은 로베르–후댕은 그가 알제리에 도착한 지 5주 정도가 지난 후 자신의 마술쇼를 펼칠 수 있었다. 자신의 마술이 단순히 프랑스 출신 마라부로, 즉 또 다른 미신으로 비칠까봐 걱정했던 그는 인상적인 묘기로 관객들에게 강한 첫인상을 심어주기로 했다. 평범한 모자에서 포탄을 만들어내는 마술 덕분에 그는 알제리 관객들 사이에 경외심을 일으킬 수 있었다. 그 다음은 원뿔 모양의 통에서 끝없이 물건을 꺼내는 마술을 선보였으며 끝없이 커피가 채워지는 '마르지 않는 병' 마술도 선보였다.

로베르–후댕이 그 날 알제리 관객들에게 선보인 레퍼토리 중에서 알제리인들에게 가장 인상적이었던 마술은 바로 상자 들어올리기 마술과 총알 마술이었을 것이다. 두 마술 모두 알제리 관객을 임의로 불러 그들에게 굴욕을 맛보게 함으로서 우등한 프랑스인과 열등한 알제리인이라는 계층화된 구도를 집단적으로 경험하게 하는 방식이었다. 상자 들어올리기는 과학자로서의 로베르–후댕이 전자기학을 이용하여 상자의 무게에 변화를 주는 마술이었다. 마술의 대강은 다음과 같다. 관객석에서 힘이 세 보이는 젊은 아랍 남자를 무대로 불

상자들기 마술
식민지였던 알제리에서 로베르 - 후댕이 보여줬던 마술을 묘사한 그림

러와 작은 나무 상자를 들게 한다. 나무 상자는 손쉽게 들린다. 그 다음 로베르–후댕이 아랍 남자에게 주문을 건다. "이제부터는 여자보다 힘이 약해질 것이다." 남자가 재차 나무 상자를 들려고 할 때 바닥에 미리 설치되어 있는 강력한 전자석을 작동시켜 아무리 힘을 써도 들 수 없게 한다. 그 다음 삼차 시도를 주문했을 때에는 상자의 손잡이에 전류를 흘려보내어 남자가 갑작스런 경련을 경험하게 한다. 알제리의 근육맨이 힘도 써보지 못하고 손에 흐르는 전기 때문에 깜짝

마술과 식민주의

로베르 - 후댕의 마술 레퍼토리가 모두 그려진 포스터
해리 후디니의 책 『로베르 - 후댕 마술의 비밀(the Unmasking of Robert-houdin)』, 1908.

놀라는 모습을 바라보며 알제리 관객들이 느낄만한 경외감과 굴욕감은 총알 마술에서도 마찬가지로 기대되는 효과였다. 특히 마라부를 무대 위로 불러내 권총으로 자신을 직접 쏘게 한 로베르-후댕은 이번에는 총알도 피해가는 초인적인 프랑스인으로 분한다. 미리 총알이 발사되지 않도록 권총을 조작해 놓고 자신이 들고 있던 사과에 총알이 박힌 것처럼 연출하여 이루어지는 일종의 연극이었다 할지라도, 그 메시지와 효과는 분명했다. 알제리인의 힘을 무력화시킬 수 있을 뿐만 아니라 그들이 겨눈 총도 피할 수 있는 우월한 프랑스 식민자를 각인시키는 것이었다.

로베르-후댕이 알제리에서 선보인 마술은 분명 관객들에게 깊은 인상을 남겼다. 분명 그 전까지 경험하지 못한 새로운 마술쇼라는 점에서 두려움을 동반한 경이로움을 일으키기에 충분했다. 그러나 우리는 이러한 경외감이 프랑스 식민정부가 기대한 문화적 서열화로 반드시 연결된다고 단정지어서는 안 된다. 프랑스의 우월함과 알제리를 교화시켜야한다는 사명은 어디까지나 제국의 시선이지, 역사적으로 반드시 그렇게 귀결되어야 할 필연성은 없는 것이다. 혹자는 그의 마술쇼가 반란 세력을 진압하는 데에 기여했다고 그의 공적을 높이 치켜세우기도 하지만, 실제로 알제리의 저항세력이 프랑스 식민 통치기간 내내 존재했던 것을 고려하면 지나친 과장임에 틀림없다.

아이러니하게도 로베르-후댕의 알제리 마술쇼는 어쩌면 식민자로서의 프랑스가 피식민자인 알제리의 저항을 얼마나 두려워했는가를 보여준다. 이슬람의 은사 집단 마라부를 일방적으로 열등한 미신으로 규정하는 것은 제국의 문화적, 정신적인 폭력이지만, 그 폭력의 기저에는 그들이 저항세력의 온상이 될 지도 모른다는 두려움이 자리잡고 있었던 것이다. 그 저항을 완전히 거세시키기 위해서는 은사의 주문이나 가르침이 저열한 속임수에 지나지 않는다는 것을 알제리인에게 각인시켜야 했다. 제국의 우월한 과학과 세련된 공연 형식을 접합시킨 마술쇼는 그러한 의미에서 식민지의 문화 폭력이자, 두려움의 증표였다. 우리는 지금까지 마술이 역사적으로 얼마나 다양한 얼굴로 변모해 왔는가를 보았다. 프랑스령 알제리에서 벌어진 마술공연은 근대마술과 식민주의의 결합을 적나라하게 보여주며 그 내면에 피식민자의 저항에 대한 식민정부의 신경증적인 반응까지도 드러낸다. 마술이 비정치적이라는 편견은 금물이다. 마술이 인간사에 관여하는 한, 마술은 지극히 정치적이다.

마술과 식민주의

로베르-후댕은 발명가이자 시계공이었으며
프랑스의 마술사였다. 그는 길거리와 서커스에
서 볼 수 있었던 마술을 실내 극장이나 응접실
로 들여와 연미복을 입고 귀족들 앞에서 공연
을 펼치며 마술이 오늘날과 같은 형태로 자리
잡을 수 있도록 영향을 준 근대 마술의 아버지
이다.

근대 마술의 아버지
로베르-후댕, 1805~1871

로베르-후댕은 젊은 시절 일찍이 부친의 직
업을 이어받아 시계 제조공 일을 시작했다. 그러나 마술공연을 보고 난 뒤
마술서적에 빠져 들게 되었고 시계를 다루던 전문 지식으로 마술사들의 자
동인형을 수리하는 일을 맡게 된다.

그는 마술사들의 자동인형을 만드는 일을 하며 가끔씩 마술쇼에 출연하
던 끝에 마침내 마술사로서 데뷔를 하게 된다. 그는 1845년 파리에서 '환상
의 야회'라는 마술쇼를 개최해 극찬을 받으며 마술사로서 인정받게 되었고,
그후 1848년 런던 공연 역시 대성공을 거두며 마술사로서 성공가도를 달리

게 되었다.

그는 기계에 대한 해박한 지식을 바탕으로 놀라운 마술 도구들을 개발하는 데 능했다. 특히 '오렌지 나무'는 씨앗이 자라 열매를 맺으면 관객의 사라졌던 손수건이 열매 안에서 나오는 마술로 유명했다.

로베르-후댕은 1848년 소년을 공중에 띄우는 묘기 '공중부양 마술'로 대단한 명성을 얻게 된다. 그는 과학적인 원리를 이용해 자신의 아들을 공중에 뜨게 만든 것이지만, 이를 본 관객들은 가느다란 쇠막대기에 의지해 공중에 떠 있는 소년을 보며 공중부양에 대한 신비와 환상을 품게 되었다.

마술계에서 은퇴한 로베르-후댕은 말년에 프랑스 정부의 요청으로 식민지인 알제리에서 '상자들기'와 '총알잡기' 마술을 보이며 다시 활동을 하게 된다. 알제리에서의 임무가 끝난 후 그는 고국으로 돌아와 마술에 대한 저술활동을 하며 남은 생을 보냈고 1871년 65살의 나이로 자택에서 숨을 거두었다.

로베르-후댕은 발명가로서 수많은 마술들을 고안해냈지만 그는 오로지 과학적 지식에만 의존한 것은 아니었다. 그는 기술과 장비보다 관객들을 대

로베르 - 후댕과 그의 아들 에밀은 '눈가리기(투시)' 마술을 관객들에 게 보여주고 있다.

하는 매너와, 화술, 손동작과 제스처, 그리고 무대 위에서 마술사로서 더욱 돋보일 수 있는 방법들을 연구했다. 또한 마술이 독립된 장르와 공연활동으로서 더욱 발전할 수 있도록 형식을 갖추고 세련미를 더하고자 애썼다. 마술의 황금 시기를 이끌며 다른 마술사들에게 많은 영향을 주었던 그는 오늘날 마술이 더욱 전문화된 공연예술로 자리잡게 한 진정한 근대 마술의 아버지이다.

chapter. III

마술과 섹슈얼리티, 매혹적인 여자들

01

기독교 중심 세계관과
여성 박해의 역사 *history*

위험한 마녀들
마녀재판의 광기

　마술은 전통적으로 남자들의 성역이었다. 이 전통은 마술이 대중 오락의 한 장르로 굳어진 오늘날에도 여전하다. 마술사라는 단어를 들었을 때 많은 사람들은 데이비드 카퍼필드(David Copperfield)처럼 턱시도를 입은 훤칠한 외모의 남성 마술사를 떠올릴 것이다. 그에 비해 마술쇼에서 여성의 역할은 섹시한 차림의 조수라든지, 구조 마술에서 남성 마술사의 도움을 바라는 연기자로 한정된다. 이러한 이미지는 단지 선입관에 그치는 것이 아니다. 실제로 미국의 한 언론사가 조사한 바에 따르면 여성 마술사는 전체 마술사 수의 5%에 그쳤다.

　그렇다면 마술의 역사는 남성의 역사인 것일까? 물론, 마술사의 계보에서 주술사, 마법사, 점성술사, 강신술사, 연금술사 중 남성이 차지하는 비율이 역사적으로 높았던 것은 사실이다. 그러나 '마술사'의 역사가 남성 중심의 역사라고 해서 '마술'의 역사까지 남성의 역사는 아닐 것이다. 마술의 역사는 때로 여성 박해의 역사이기도 했으며 여성에게 두려움을 가진 역사이기도 했고 여성이 적극적으로 참여하는 역사이기도 했다. 다시 말해서 마술의 세계에서 여성은 언제나 존재했다.

15세기 말부터 시작되어 16~17세기의 유럽사회에 광풍으로 번져간 마녀사냥(witch-hunt)은 마술과 여성의 밀접하고도 모호한 관계를 보여주는 대표적인 사례이다. 현대에는 마녀사냥이 이미 특정 개인 혹은 특정 집단에 대한 부당한 공격 및 폭력을 가리키는 관용어로 자리잡았는데, 그 기원이 바로 악마를 숭배하는 여성에 대한 집단적인 박해로부터 비롯되었던 것이다.

현대에 많은 역사학자들이 마녀사냥의 광풍 속에 희생되어 간 여성들은 과연 누구이며 그들을 대대적으로 탄압하게 된 역사적 경위가 무엇인가를 연구해 왔다. 그 답을 한가지로 압축하기는 어렵지만, 후자에 대해서는 크게 종교권력과 여성혐오적인 사회분위기를 대표적인 이유로 꼽을 수 있다. 13~14세기 이후부터 중세 기독교적 세계관에 위배되는 초자연적 마법이나 이단적인 믿음에 대하여 그러한 능력이 악마와의 계약을 통해서 얻어지는 것이라고 죄악시하는 종교적 규범이 강화되었으며 종교재판의 숫자도 급증하였다. 15세기부터 증가하기 시작한 마녀재판은 이러한 종교재판이 여성에게, 특히 개인이 아니라 집단적으로 적용되기 시작한 현상이다. 당시 마녀라고 추정된 사람들의 사회적 지위나 역할은 약초와 주문을 이용하여 환자들을 상대하는 치료사부터 산파, 부유한 과부, 노파까지 천차만별이었다. 당대의 종교재판관들은 주로 영아살해와 악마와의 성교를 이유로 지역 여성들에게 마녀라는 혐의를 씌웠고 고문과 일방적인 재판을 통해 마녀임이 확정되면 무참하게 화형식을 집행했다.

중세의 기독교 중심적 세계관에서 마녀와 악마는 불가분의 관계였다. 오늘날 우리는 마녀로 낙인 찍혀 화형당한 여성들이 실제로 초자연적 능력을 지녔거나 마법을 부릴 수 있었는지 알길이 없다. 그러나 적어도 그들에 대한 당대 종교권력의 인식이라든지, 마녀의 처형에 동조한 일반 민중들의 생각이 어땠는가를 짐작할 수는 있을 것이다. 당시에는 마녀들이 악마와의 계약을 통해 마법을 부리며 아이들을 교살하고 그 살과 지방을 자신들이 먹거나 연고로 만든다는 믿음이 팽배했다. 잔혹 동화에서나 봤을 법한 마녀에 대한 소문과 억측, 그 사실여부와는 관계없이, 악마에 대한 두려움을 혼자 사는 여성(노파, 과부 등)이라든지, 사회적인 영향력을 발휘할 수 있는 여성(치료사, 산파 등)에게 전가시키는 집단 심리를 반영한다. 즉, 마녀는 기독교

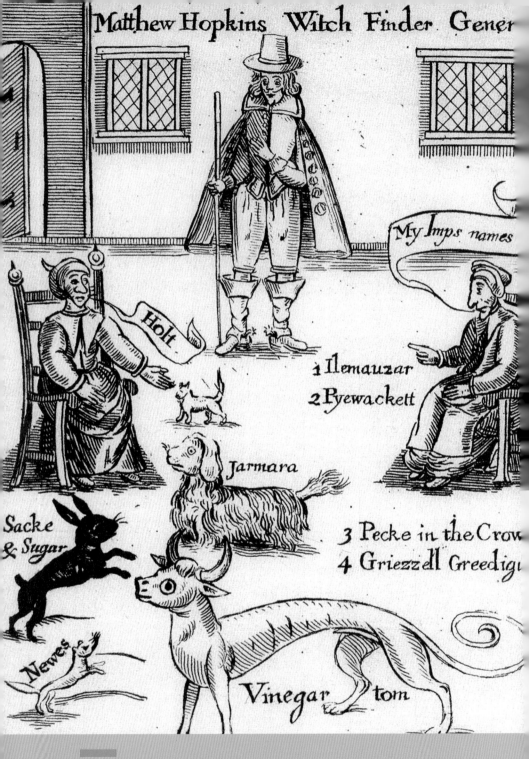

매튜 홉킨스의 책 『마녀의 발견』(1647)의 삽화.

적 세계관과 두려움이 결합되어 만들어진 이미지였던 것이다. 그러한 이미지가 유럽 전역에, 나중에는 신대륙인 북아메리카까지 퍼져 나가게 되면서 위험한 여성으로 낙인 찍힌 약 4만여 명의 여성들이 폭주하는 마녀사냥의 희생자가 된다.

매튜 홉킨스(Matthew Hopkins)는 청교도 혁명이 한창이었던 약 1645년부터 47년까지 영국 전역의 마녀를 색출하고 당국에 넘긴 이른바 '마녀 색출가(witch finder)'로 유명한 인물이었다.

홉킨스는 어떤 근거로 마녀를 찾아냈을까? 그가 찾아낸 230여 명의 희생자들은 홉킨스가 악마의 표식이라고 믿었던 점이나 잡티가 몸에 있거나, 검은 고양이를 기르거나, 혼잣말을 하거나, 동물에게 말을 걸었다는 등의 이유로 마녀로 몰렸다. 마녀를 색출한 뒤 자백을 받아내는 방법은 매우 잔혹했다. 마녀들이 아이들의 피를 빨아먹는 신체부위라고 믿었던 곳을 찔러 아픔을 느끼는지 살펴보거나 심지어는 몸을 묶은 채 물 속에 집어넣기도 했다.

3년 동안 스스로를 마녀 색출 대장 (witch finder general)으로 부를 만큼 악명이 높았던 매튜 홉킨스의 죽음은 역사의 아이러니를 보여준다. 그 자신이 마술사라는 혐의를 받고 자신이 고안한 고문기술에 따라 몸이 묶인 채 물에 던져졌던 것이다. 비록 홉킨스의 죽음에 대해서는 그가 결핵으로 사망하여 교회 묘지에 묻혔다는 이야기도

있어 의견이 분분하지만, 마녀 색출가와 마술사 사이의 모호한 경계
는 마녀라는 존재 자체가 얼마나 임의적으로 정의되었는지를 보여주
는 에피소드라고 할 수 있다.

한편, 독일에서는 16세기부터 18세기 후반까지 약 6만여 명의 마녀
들이 고문당했으며 그 중 약 2만 5천여 명의 마녀 혐의자들이 처형당
했다. 이 그림은 1555년 독일의 데른부르크(Dernburg)에서 화형 당
한 세 명의 마녀들을 기록한 목판화로 마녀의 모습이 사실적이라기
보다는 매우 과장되어 있다. 마녀들이 불타오르는 동안 마녀의 영혼
과 함께 빠져나가는 악마의 모습은 당대에 예언이든 마술이든 마녀
의 초자연적인 능력이 악마와 연루되어 있다고 믿었던 종교적, 민중
적 인식을 반영한다.

흥미롭게도 마녀사냥이 한창이던 당대 유럽에는 마녀와 악마의 밀
접한 관계를 부정하고 마녀의 능력이 단순한 속임수라거나 마술이
단지 환영에 지나지 않는다고 생각한 부류도 있었다. 그들에게 마녀
의 혐의를 받은 여성들을 보호하려는 의도가 있었던 것은 물론 아니
다. 그들은 단지 마술에 대한 이해를 달리하고 있었을 뿐이다. 다시
말해서 동시대에 만연했던 악마성에 대한 광기어린 공포와는 달리,
마술이나 마법이 설명 가능한 범위에 있다고 생각했던 것이다.

그리스 신화에 등장하는 마녀 키르케(Circe)가 르네상스 및 초기

16세기 중반 독일의 마녀 화형식을 담은 목판 포스터.
뉘렌베르크 독일국립박물관 소장.

근대 시기의 그림에서 표상되는 방식은 당시 마녀재판의 광풍에서
벗어난 해석을 잘 보여준다. 키르케는 태양신인 헬리오스와 바다의
요정이었던 페르세이스 사이에서 태어난 딸이다. 여러가지 주문과
약물을 통해 마술에 능하다고 알려졌던 키르케는 자신이 살고 있던
전설의 섬 아이아이에(Aeaea)를 찾는 방문자들을 늑대, 사자, 멧돼
지 등의 짐승들로 변신시켰다. 트로이 전쟁을 끝내고 고향 이타카로
돌아가던 그리스의 영웅 오디세우스도 키르케의 제물이 될 뻔했으나

〈오디세우스와 키르케〉
알레산드로 알로리, 1580, 플로렌스, 방가 토스카나.

가까스로 위기를 면한 부하의 충고와 헤르메스가 건네 준 약초 덕분에 무사할 수 있었다. 오디세우스는 헤르메스의 약초로 멧돼지로 변한 자신의 부하들을 다시 인간의 모습으로 되돌린다.

알레산드로 알로리(Alessandro Allori)의 1580년작 〈오디세우스와 키르케(*Odysseus and Circe*)〉라는 작품은 그리스 신화에 등장하는 키르케의 마력을 독창적으로 해석한 작품이다. 그림의 오른쪽에는 키르케가, 왼편 아랫부분에는 키르케의 마법으로 사자와 늑대로 변신한 오디세우스의 부하들이(그리스 신화에는 멧돼지 혹은 돼지로 변신했다고 전해짐), 왼편 윗부분에는 호메로스로부터 약초를 전해받는 오디세우스가 등장한다. 대강의 묘사 내용만으로는 그리스 신화와 크게 다르지 않으나, 그림이 그려진 16세기에 마녀와 마법이 해석되는 방식과 연관시켜 본다면 알로리의 작품은 대단히 독창적이다.

그림에서 키르케는 고립되어 있으며 어딘지 모르게 우울해 보이는 자세와 표정을 취하고 있다. 알로리가 키르케를 고독하고 우울하게 묘사했던 이유는 무엇이었을까? 당시 독일 라인란트(Rheinland) 지방의 의사였던 요한 바이어(Johann Weyer)의 의학적 견해는 알로리가 마녀를 재해석하는 방식에 큰 영향을 주었다. 바이어는 마녀와 그들의 마법이 멜랑콜리(Melancholy) 즉, 여성의 자궁이상으로부터 비롯된 우울증의 결과라고 진단하였으며 무자비한 마녀사냥을 비판하기도 했다. 알로리는 바로 이 의학적 견해에 착안하여 마녀 키르케를 악마와 계약을 맺은 초자연적 존재가 아니라, 치료 가능한 신체적 이상 징후로 그려낸 것이었다.

마녀와 멜랑콜리의 관계를 암시하는 알로리의 작품과는 달리, 독일의 역사가 하트만 쉐델(Hartmann Schedel)은 키케로를 속임수를 쓰는 마녀로 재해석했다. 성서와 비(非)성서적 세계관이 혼재된 쉐델의 역사서, 『뉘렌베르크 연대기(Nuremberg Chronicle)』(1493)에는 키케로의 마법을 묘사한 목판화가 실려있다. 쉐델의 목판화에 묘사된 키케로는 잔과 구슬, 주사위 등 당시 비교적 흔히 사용되었던 마술도구를 이용하여 오디세우스 일행을 홀리고 있는데, 이 역시 약물을 사용했다고 일컬어지는 그리스 신화의 내용과는 다른 해석임에 틀림없다. 그렇다면 마술도구는 무엇을 암시하고 있는 것일까? 마녀가 악마에게 영혼을 팔아넘긴 존재라는 종교적 해석과 민중들의 믿음과는 사뭇 다르게, 쉐델은 마녀가 부리는 마술이 기껏해야 속임수와 기술에 지나지 않음을 강조하고 있는 것은 아닐까?

물론, 알로리와 쉐델 간에 마녀를 정의하는 시각이 매우 큰 차이가 있었던 것은 사실이다. 그러나 그들은 마녀와 마술이 기본적으로 인간의 능력과 지(知)를 넘어서지 않는 범위 안에 존재함을 말하고자 했다는 점에서 공통점도 보여주었다. 또한 이들의 독창적인 시각이

하트만 쉐델의 1493년 작 『뉘렌베르크 연대기』에 실린 삽화.
키케로는 잔과 구슬, 주사위 등 마술도구를 이용하여 오디세우스 일행을 홀리고 있다.

야말로, 마술의 역사에 있어서 여성이 단지 마녀사냥의 희생자 혹은 초자연적, 악마적인 힘을 가진 고정적인 존재였던 것이 아니라 다양한 이미지와 해석을 통해 이질적이고도 역동적으로 존재해 왔음을 단적으로 나타낸다.

헤르만가의 마술을 이어 온 아델라이드 헤르만

아델라이드 헤르만(Adelaide Herrmann, 1853~1932)은 위대한 마술사 알렉산더 헤르만의 아내이자 마술의 황금기에 남자 마술사들과 경쟁하며 왕성히 활동한 여자 마술사이다. 대부분의 여성들이 남자 마술사들의 조수나 보조 역할에 머무르는 것에 반해, 그녀는 당당히 여자 마술사로서 자신의 이름을 걸고 쇼를 성공적으로 이끌어오며 '위대한 헤르만' 이라는 명성을 이어나갔다.

마술사 알렉산더 헤르만의 아내이자 여자 마술사 아델라이드 헤르만, 1853~1932.

그녀가 마술을 시작한 것은 남편의 조수로 활동하면서였다. 미국 순회공연 중 알렉산더 헤르만이 1896년 갑작스레 기차 안에서 죽게 되면서 그녀는 남은 공연에 대한 책임을 떠맡고 남편 대신 무대에 오르게 되었다.

난생 처음 오른 무대에 '위대한 헤르만' 이라는 타이틀이 부담스러울 법도 했지만 그녀는 이미 수많은 경험을 쌓은 노련한 마술사였으며, 남자 마술사 이상으로 대범한 마술을 선보였다. '총알잡기'는 그녀를 대표하는 마술이었

아델라이드 헤르만 포스터. 그녀는 '총 알잡기' 와 같은 마술을 무대 위에 올리며 남자 마술사 이상으로 대범한 마술을 보여주었다.

다. 끊이지 않는 사고로 마술사들 사이에서 악명 높았던 이 마술을 그녀는 무대 위에서 당당히 성공시켰다. 여자 마술사로서 남자 이상으로 충분히 볼거리를 제공하며 여성적인 아름다움으로 어필한 그녀는 마술사 아델라이드 헤르만이라는 이름을 관객들에게 확실히 각인시켰다.

그녀는 '공중부양' 마술에도 뛰어났었는데 여성미 넘치는 화려한 의상과 환상적인 무대 장식으로 남자 관객들의 마음을 사로잡았다.

아델라이드는 75세까지 '마담 헤르만'이라는 이름으로 정력적인 무대를 펼쳤다. '헤르만' 이라는 이름을 지켜내려던 그녀의 열정으로 헤르만가의 마술은 한 세기 넘도록 마술계를 지배할 수 있었으며, 그녀 역시 마술의 황금기를 이끌었던 여자 마술사로서 당당히 이름을 남기게 되었다.

아델라이드 헤르만의 공중부양마술. 그녀는 가느다란 막대기에 의지한 채 허공에 떠 있다.

아델라이드 헤르만과 그녀의 남편이자 마술사인 알렉산더 헤르만. 미국 순회공연 중 알렉산더 헤르만이 죽자 그녀는 남편을 대신해 마술사로 활동하게 되었다.

알렉산더 헤르만(Alexander Herrmann, 1844~1896)은 독일인으로 프랑스 파리에서 태어났다. 의사였던 그의 아버지 사무엘 헤르만은 환자를 돌보는 일을 하다가 종종 병원 문을 닫고 유럽 방방곡곡으로 마술 공연을 하러 다녔다. 터키 황제는 사무엘의 마술 묘기에 반해 특별한 손님을 접대할 때면 그를 궁으로 부를 정도였다.

위대한 알렉산더 헤르만
1844~1896.

알렉산더 헤르만은 사무엘 헤르만의 16번째 아들로 아버지의 마술을 보며 마술사를 꿈꿨던 형처럼, 자연스럽게 마술사의 길로 들어서게 되었다. 그보다 27살 위였던 칼 헤르만은 롤 모델이나 다름없었다. 아버지의 반대를 무릅써가며 의과대학을 그만두고 집을 나온 칼은 채 10년이 되기도 전에 유럽에 모르는 사람이 없을 정도로 유명한 마술사가 되었다. 알렉산더는 어렸을 때부터 칼의 무대를 도우며 조수 역할을 했다. 그리고 열 여섯 살이 되자 마술사로 화려한 데뷔를 하여 헤르만 형제 칼과 알렉산더는 가는 곳마다 박

166

헤르만의 마술 포스터. 헤르만은 괴테의 파우스트에 나오는 악마와 같은 수염을 길러 독특한 외모로 사람들에게 쉽게 기억되었다.

수갈채를 받게 되었다.

이후 알렉산더 헤르만은 형으로부터 독립하여 주 무대를 미국으로 옮긴 뒤 '위대한 헤르만'이라는 이름으로 마술사 활동을 시작했다. 훤칠한 키에 미남이었던 헤르만은 괴테의 파우스트에 나오는 악마와 같은 수염을 길렀으며, 이러한 독특한 외모 때문에 그는 관객들에게 쉽게 기억될 수 있었다. 그도 이러한 대중들의 관심을 역으로 이용하여 악마와 내통하는 초능력을 지닌 마술사로서의 이미지를 더욱 부각시켰다

헤르만은 당대의 마술사들이 흔히 선보이던 마술에도 능했던 것은 물론이고 거기에 대중적이며 코미디적 요소도 가미했다. 길을 가다 마주친 행인들의 귀에서 금화를 빼내는가 하면 상점에 들러 과일을 잘라 금화가 나오게 하고, 거리나 공공장소에서도 마술을 선보였다. 무대가 아닌 거리에서 펼쳐

알렉산더 헤르만의 마술쇼에는 코미디적 요소가 많았다. 관객들의 귀에서 금화를 빼내거나, 카드놀이를 하던 중 관객의 물건을 꺼내 보이며 관객들을 즐겁게 하였다.

지는 마술에 대중들은 무척 즐거워했으며 그에 대한 관심도 커져갔다. 그는 거리 마술의 창시자였으며 자신을 어떻게 알려야 하는지 마케팅에도 능통한 마술사였다.

1887년 알렉산더의 멘토이자 선배였던 형 칼이 먼저 세상을 떠났지만 알렉산더에 의해 헤르만가의 명성은 계속됐다. 1896년 알렉산더 헤르만이 기차 안에서 급사하면서 헤르만가의 명성은 끊길 위기에 처하지만 그의 조수로 일하던 아내 아델라이드 헤르만과 조카 레온이 마술사가 되어 무대 위에 오르면서 요술 지팡이를 든 헤르만가의 마술은 오래도록 관객들에게 기억될 수 있었다.

02

토끼 출산 소동
모자 마술의 모티브가 되다

토끼를 낳는 여인
매리 토프트(Mary Toft)

턱시도를 멋지게 차려 입은 마술사가 빅토리아 시대에나 어울릴 법한 실크 모자를 쓰고 있다. 그는 자신의 머리 위에 있던 실크 모자를 손에 들고는 관객들에게 모자 안쪽을 확인시킨다. 물론, 아무 것도 없다. 모자 위를 바깥으로 향하게 하여 잠시 품에 안고는 말재간으로 관객들을 즐겁게 하다가 문득 모자 안을 다시 보여준다. 보송보송한 하얀 털의 토끼 한 마리가 그 안에 들어있다. 순식간에 벌어진 토끼 마술에 관객들은 탄성을 지르며 박수를 친다. 자신의 갑작스런 출현이 사람들에게 놀라움을 주었든 말든 토끼는 바쁘게 입을 야물야물 거린다.

마술이라 하면 사람들이 떠올리는 가장 일반적인 마술의 종류 중 하나가 바로 모자에서 나오는 토끼 마술이다. 물론, 모자 마술은 변종이 다양하다. 마술사의 모자에서는 토끼뿐만 아니라 날아다니는 비둘기와 새빨간 장미도 나온다. 그러나 토끼가 튀어나오는 마술은 모자마술의 원조격이라고 할 수 있을 것이다. 마술과 마술사에 대한 대중적인 이미지로 각인되어 있을만큼 모자에서 나오는 토끼 마술은 전통적이고도 친근한 장르이다.

이 마술은 과연 어떻게 시작되었을까? 놀랍게도 모자마술의 기원은 실크모자가 아니라, 여자의 자궁으로부터 토끼가 나왔다는 에피소드에서 비롯되었다. 게다가 오늘날 모자마술이 많은 사람들에게 오락을 제공해주는 것과는 달리 애초에는 사법적 문제와 의학적 논란을 일으키며 세상을 떠들썩하게 했다.

영국 남동부의 서리(Surrey)주에 위치한 상업과 제조업의 도시 고덜밍(Godalming) 출신의 매리 토프트(Mary Toft)는 이 지역 일대 뿐 아니라 온 영국을 떠들썩하게 만든 토끼 출산 사건의 장본인이었다. 때는 1726년, 직조공인 남편 조슈아 토프트(Joshua Toft)와 결혼해 슬하에 세 명의 아이를 두었던 매리 토프트는 밭에서 일을 하던 중 진통을 느낀다. 조산의 기운을 감지한 매리는 이웃의 도움을 받아 출산했는데 그녀가 낳은 것은 아이가 아니라 짐승처럼 보이는 살덩어리들이었다. 깜짝 놀란 이웃이 매리의 시어머니이자 산파였던 앤 토프트(Ann Toft)에게 이 사실을 알렸고, 앤은 30년 넘는 경력으로 일대에서 유명했던 남자 산파 존 하워드(John Howard)에게 도움을 청한다.

짐승의 살덩어리를 낳았다는 이야기를 말도 안 되는 이야기라고 믿었던 존 하워드는 이튿날 매리의 상태를 진단하기 위해 그녀를 방문한다. 처음에는 아무런 이상증세를 찾을 수 없었던 하워드는 며칠 후 다시 진통을 느끼기 시작한 매리의 출산을 돕게 되는 데 이번에도 역시 매리는 사람 대신 살덩어리를 낳고 만다. 하워드의 검사 결과 매리가 출산한 것은 고양이 다리 세 개와 토끼 다리 하나. 애초에 매리와 그의 가족들의 주장을 믿지 않았던 하워드였지만 자신의 눈앞에서 벌어진 일까지 거짓이라 부정할 수는 없는 노릇이었다. 게다가 매리는 그 이후에도 계속 진통과 출산을 반복하며 몇 마리의 토끼 새끼를 더 낳았다.

사람이 토끼 새끼를 낳았다는 기막힌 소식은 삽시간에 다른 마을로 퍼졌고 결국은 영국 왕족의 귀에까지 들어가게 된다. 국왕 조지 1세는 이 사실을 흥미로워하며 매리의 토끼 출산이 진짜인지 검증해 보기 위해 당시 스위스 출신의 궁정의사였던 나다니엘 센 안드레(Nathaniel St. André)를 파견한다. 존 하워드와 마찬가지로 인간이 토끼를 출산했다는 이야기가 거짓이라고 믿었던 나다니엘은 매리가 낳았다고 주장하는 토끼의 폐와 몸통, 머리를 두 눈으로 직접 확인하

토끼를 출산하는 존 라게르의 매리 토프트 초상화, 1726

게 된다. 토끼의 폐를 물에 띄워 그 진위를 확인하고 마을 사람들 중 출산장면을 목격한 사람으로부터 증언을 확보하는 등 여러가지 검증 작업을 거친 끝에 내린 센 안드레의 결론은 매리의 토끼출산이 진실이라는 것이었다.

어떻게 이런 결론이 가능했던 것일까? 의료 경험과 의학적 지식이 풍부했던 존 하워드와 나다니엘 센 안드레가 인간의 토끼 출산을 가능하다고 믿게 되었던 이유는 무엇일까? 임신 중인 여성의 태교가 태어날 아기의 생김새를 형성하는 데 직접적인 영향을 끼친다는 당대의 믿음은 의사는 물론 호사가들이 매리의 주장을 합리화하게끔 이끌었다. 토끼에 대한 일화를 증언한 매리 본인의 주장이 무엇보다 결정적이었다. 그녀는 임신 중이었던 어느 날 밭에서 본 토끼를 잡은 적이 있고 그 이후로 토끼에 대한 생각을 멈출 수가 없었다고 증언했다. 영국의 한 주간 신문은 그녀의 집착적인 토끼 애호에 주목했고 이 기사를 읽은 많은 사람들은 그녀의 빗나간 토끼사랑이야말로 토끼를 출산하게 한 원인이라고 수근거렸다.

과연 매리는 정말로 토끼를 낳았을까? 같은 해 12월, 토끼 출산의 진위를 의심하던 한 남작의 집요한 조사 끝에 그것이 거대한 사기극이었음을 밝혀낸다. 그는 매리와 그의 가족들이 몰래 토끼를 사들인 증거를 포착해 심문을 진행했다. 그 과정에서 매리가 아이의 유산 후

〈토끼 사육장, 혹은 진찰 중인 고덜밍의 박사들〉, 1726
풍자화가 윌리엄 호가스는 자신의 동판화에 토끼 출산과 관련한 인물들을 이니셜과 함께 나열했다.

에 그녀의 가족들과 모의해 자신의 자궁경부에 토끼를 넣어 토끼의 몸통과 사지를 낳은 척 사기행각을 벌였으며 또한 임신 중에 토끼를 쫓았다는 그럴 듯한 이야기까지 만들어 사람들이 쉽게 속아 넘어가도록 했다는 사실도 밝혀냈다. 결국 그녀와 그 가족들은 사기행각으로 법정에 세워지는데, 워낙 전례 없던 일이라 기소 내용이 불분명했으며 그 사기행각으로 그들이 얻은 것이라고는 유명세밖에 없었기 때문에 이듬해 풀려나 고향으로 돌아오게 된다.

토끼 출산 소동은 토프트 일족보다 그들의 사기행각에 손쉽게 넘어간 의사들에게 큰 오점을 남기고 끝났다. 앞서 소개했던 존 하워드와 나다니엘 센 안드레는 눈 앞에서 토끼 출산 과정을 보고도 그것이 진짜라고 믿었을 뿐만 아니라 그 진위를 많은 사람들에게 확증시키는 역할까지 담당했기 때문에 나중에 토끼 출산이 사기극임이 판정났을 때 놀림거리가 되고도 남았다.

영국의 유명한 풍자화가 윌리엄 호가스(William Hogarth)는 전국적인 사기극의 전말에 협조한 두 멍청이를 비웃기라도 하듯 〈토끼 사육장, 혹은 진찰 중인 고덜밍의 박사들(*Cunicularii, or The Wise Men of Godliman in Consultation*)〉(1726)이라는 제목의 동판화를 그린다.

호가스는 자신의 판화에 토끼 출산과 관련한 주요 인물들을 이니셜과 함께 나열했다. 진통 중인 인물 F가 바로 매리 토프트이며, 가장 왼편에 서 있는 남자 E가 그의 남편 조슈아이다. 특히 진통연기에 몰입한 매리 토프트의 표정이 인상적이며 그 주위로 토끼들이 널려 있는 모습은 그로테스크하기까지 하다. 한편, 가장 오른 편 문가에 서 있는 남자 D가 바로 존 하워드, 그리고 그 옆에 궁정복을 입고 있는 남자 A가 센 안드레로, 토끼 출산에 자못 진지하게 임하는 태도를 묘사한 것이 호가스식 풍자유머의 포인트이다. 호가스는 자신의 동판화에 '진찰 중인 박사들'이라는 제목을 달아 사기꾼 일가에 날개를 달아 준 두 명의 전문가를 한 데 묶어 멍청하기 짝이없는, 무늬만 식자(識者)라며 얄궂게 비웃었다.

매리 토프트의 토끼 출산 소동이 영국을 뒤흔든 지 약 90년 후, 제네바 출신의 유명한 마술사 루이스 아폴로네르 크리스틴 임마누엘 콩트(Louis Apollinaire Christian Emmanuel Comte)가 세계 최초로 모자에서 흰 토끼를 꺼내는 마술을 선보였다. 물론, 콩트가 자신이 태어나기 이전에 영국에서 일어났던 유명한 사건을 마술의 모티브로 삼았는지는 확인할 길이 없다. 그러나 마술의 연결고리를 조감하는 것은 후대의 몫이 아니던가? 토끼가 자궁에서 나왔다고 주장한 매리 토프트의 사기 행각부터 스스로를 마술사의 왕으로 칭한 루이 콩트를 거쳐 토끼를 모자에서 꺼내는 마술은 오늘날 마술사의 가장 대중적인 기술로 자리잡았다. 과거에 법정에 올랐던 사기극이 오늘날 신기한 오락거리로 변천해 온 토끼 마술의 역사는, 마술사에서 손 꼽힐 만큼의 극적인 아이러니를 보여준다.

아폴리네르 콩트는(Louis Apollinaire Christian Emmanuel Comte, 1788~1859) 모자에서 토끼가 나오는 마술을 처음으로 선보였던 마술사이다.

위대한 북구의 마술사 존 핸리 앤더슨, 1814~1874

그러나 모자에서 토끼가 나오는 마술을 대중화 시킨 사람은 존 핸리 앤더슨(John Henry Anderson, 1814~1874)이다. 1830년 그가 16살이던 해에 까만색 연미복을 갖춰 입고 나와 탑햇에서 여러 마리의 토끼를 꺼내 보이는 마술로 귀족들을 깜짝 놀라게 했다. 후에 귀족들 사이에서 그의 이름이 유명해지면서 토끼 마술은 자연스럽게 대중들에게 알려져 오늘까지 이어 올 수 있었다.

존 핸리 앤더슨은 위대한 북구의 마술사로 이름을 알리며 많은 귀족들 앞에 섰으며, 근대 마술의 아버지라 불리는 로베르-후댕과 라이벌 관계였다. 그는 마술을 최초로 홍보했던 마술사로 자신의 얼굴이나 화려한 그림을 담은 포스터를 제작하여 공연 전에 자신의 쇼를 홍보했다.

존 핸리 앤더슨은 탑햇에서 토끼를 꺼내 보이는 마술을 대중화시킨 마술사이다.

존 핸리 앤더슨이 둥그런 원통형의 탑햇에서 토끼를 꺼내는 마술을 고안하게 된 배경에는 탑햇의 발명이라는 역사적 사건이 있었다. 1797년 탑햇이 발명되면서 당시 귀족들 사이에서 유행하게 되자 연미복과 탑햇은 귀족들의 상징처럼 여겨지게 되었다.

오늘날 연미복과 탑햇이 마술사의 상징처럼 여겨지게 된 것 또한 존 핸리 앤더슨이 활동하던 이 당시부터다. 주로 귀족과 왕족들 앞에서 공연을 해야 하는 마술사들은 자연스럽게 귀족들의 시선을 고려할 수밖에 없었는데 라이벌 관계였던 로베르-후댕 역시 그보다 먼저 연미복을 입고 무대에 섰었다.

그러나 탑햇을 쓴 마술사의 전형적인 모습을 탄생시킨 이 마술은 아쉽게도 지금은 보기 어려워진지 오래다. 모자에서 토끼를 꺼내는 마술은 굉장히

1797년 탑햇이 발명되자 존 핸리 앤더스는 원통형의 탑햇에서 토끼를 꺼내는 마술을 고안하게 되었다.

어려운 기술과 타이밍을 요구하는 묘기이다. 때문에 후대에 이르러 대부분의 마술사들은 다루기 어려운 토끼 대신 비둘기를 가지고 연기하게 되었고, 연미복과 탑햇 또한 공연의 컨셉에 맞게 변화되어 사라져 가는 추세이다.

03

심령주의 *spiritualism* 의 유행은
새로운 세계관에 대한 수요 표출

영혼을 부르는 마법
팍스 자매(the Fox sisters)의 심령술

한국 공포 영화에는 유독 소녀들이 많이 등장한다. 한국형 공포물의 대명사 〈여고괴담〉 시리즈는 말할 것도 없고, 두 자매가 등장하는 〈장화홍련〉이나 소녀귀신이 등장하는 〈소녀괴담〉, 그리고 소녀는 아니지만 소녀적 감수성을 다룬 〈분홍신〉까지 한국 공포물에 소녀는 필수처럼 보인다. 소녀가 등장하는 공포물 중에 〈분신사바〉라는 시리즈도 있다. 분신사바라는 주문 때문에 일어나는 죽음을 소재로 다룬 호러 시리즈이다.

실제로 분신사바는 90년대부터 여학생들 사이에서 인기 있는 오컬트적 놀이 중 하나였다. 여학우 두 세 명이서 연필이나 펜을 마주 잡고 그 밑에 'O, X'가 쓰여진 흰 종이를 깔아둔다. 다같이 "분신사바,

분신사바…" 하고 주문을 외우며 귀신을 부른다. 귀신이 왔는지 확인하기 위해 질문을 한다. 이를 테면 "오셨습니까?"라는 질문에 펜이 움직여 종이에 쓰여진 'O'자 주위에 동그라미를 치는 식이다. 얼토당토 않은 미신처럼 들리겠지만 필자를 포함한 많은 여학생들이 이 분신사바 주문에 진지하게 임했던 추억이 있다. 분신사바는 마치 상담의 전화마냥 연애문제나 인간관계, 성적에 대한 고민을 털어놓을 수 있는 통로가 되기도 했다.

분신사바는 일종의 심령술(心靈術)이다. 죽은 자나 보이지 않는 영혼을 불러내어 대화를 시도하는 것이 바로 심령술의 기본 형식이기 때문이다. 한국에서 유행한 분신사바의 원조는 일본이다. 일본에는 '콧쿠리상(弧狗狸さん)'이라고 불렸던 동물령 주문의식이 있었는데 원래 대나무나 젓가락 같은 길쭉한 물체를 삼각대 모양으로 만들고 그 위에 쟁반을 놓아 점을 치는 점복의 일종이었다. 콧쿠리상에서 파생된 '분신사마(分身樣)'는 동물령이 귀신을 부르는 의식으로 변형된 것으로 우리나라에는 흥미롭게도 '분신사바'라는 발음으로 전해졌다.

귀신에게 고민 상담을 시도하는 소녀들을 떠올리면서 사춘기 감성이 과도하게 피어오른 탓이라고 혀를 끌끌 차는 사람도 있을 것이다. 그러나 소녀들의 사춘기 호르몬에 심령술이 유행하게 된 원인을 뒤

집어 씌우기에는 심령술의 유행 범위가 너무나 넓다. 비단 한국과 일본뿐만이 아니다. 심령술의 유행이 광풍 마냥 번져가던 19세기의 미국으로 건너가보면 분신사바에 심취한 여학생을 훨씬 뛰어넘는, 심령술의 영매를 자처하는 신비스럽고도 대담한 소녀들을 만날 수 있다. 이름하여 팍스 자매들(the Fox sisters)이 그 주인공이다.

팍스 자매들은 뉴욕주 하이데스빌(Hydesville)에서 태어났다. 대장장이 아버지와 농부 어머니의 슬하에는 언니 레아(1814~1890), 마가렛(1833~1893), 케이트(1837~1892) 외에도 세 명의 형제자매가 더 있었다. 미국 심령주의에 큰 영향을 끼치게 될 팍스 자매의 심령술은 사실 두 여동생 마가렛과 케이트의 장난으로부터 시작되었다. 마가렛이 15세, 케이트가 11세였던 1847년의 어느 겨울, 그녀들은 가는 줄에 사과를 묶어 발소리가 나는 것 같은 효과음을 냈다. 그녀들의 발소리 흉내는 일취월장하여 손가락이나 발가락을 반복적으로 튕겨 발소리를 내는 데까지 발전했다. 장난스러운 장기를 갖게 된 두 자매는 미신적인 어머니를 속이기 위해 자신들의 농장에 귀신이 있는 것 같다고 이야기를 꾸며냈다. 반복적인 똑똑거리는 소리로 어머니를 홀린 후 그들의 거짓말은 더욱 대담해졌다. 1848년의 3월의 어느 날, 마가렛과 케이트의 거짓말은 농장에 출몰한 귀신이 '스플릿풋 (Split-foot)'이라는 이름을 가진 남자로 5년 전에 살해당해 지하창

MRS. FOX.　　　　MARGARETTA.　　　　LEAH. (MRS. FISH.)　　　　KATH'REEN.

〈팍스 자매〉
왼쪽부터 팍스 자매의 어머니, 마가렛(Margaret), 레아(Leah), 케이트(Kate) 팍스.

고에 묻혔다는 구체적인 신상명세를 날조해내는 데까지 발전해있었다. 그들의 거짓말은 4월 1일 만우절(Aprils Fool's day)을 기점으로 끝날 예정이었지만 거짓말은 곧 소문이 되어 퍼져나갔다. 팍스부인은 귀신이 진짜라 믿었고 자신의 지인들에게 그 사실을 알렸다. 퀘이커 교도였던 에이미(Amy)와 아이작 포스트(Issac Post) 부부도 그 중 하나였다. 그들은 같은 뉴욕 주에 위치한 로체스터로 소녀들을 초대하여 소녀들의 심령술을 직접 확인해보기로 했다. 소녀들의 첫 공식적인 교령회, 즉 죽은 자의 혼령과 교류하는 모임이 시작된 것이다.

사실 소녀들의 장난으로 시작된 귀신 이야기가 집단적인 교령회로 부풀려지는 데까지는 언니 레아의 역할과 당시 미국의 사회적인 배경이 크게 작용했다. 이혼 후 로체스터에 살던 언니 레아는 동생들의 심령술 소식을 들은 후 앤드류 잭슨 데이비스(Andrew Jackson Davis)의 책 『자연의 법칙, 그 신성한 계시, 인류에게 전하는 목소리 (*The Principles of Nature, Her Divine Revelations, and a Voice to Mankind*)』 (1847)를 떠올렸다. 심령술사였던 데이비스는 18세기 스웨덴의 과학자이자, 신학자 신비주의자였던 에마누엘 스웨덴보리(Emanuel Swedenborg)의 영향을 받아 물질적 세계는 영적 세계의 그림자일 뿐이며 죽은 자의 영혼들이 현실세계에 항상 함께하고 있다고 주장했다. 데이비스의 주장은 진리의 추구라는 목적에서 물질을 초월한 영적인 교감의 가능성을 설파하고 있었지만 레아는 더 좁은 의미의

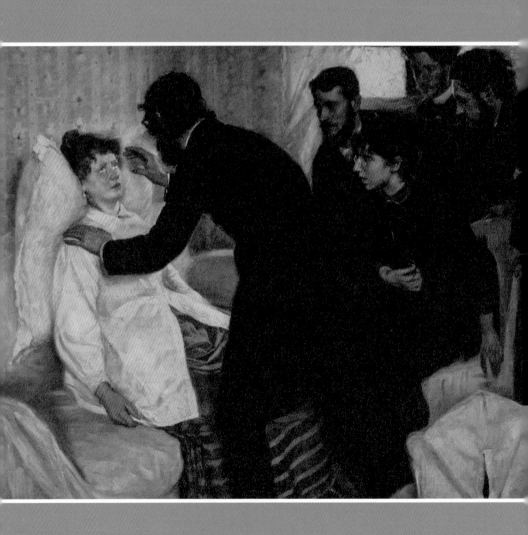

〈최면술 교령회〉, 리카르도 베르크, 1887, 스톡홀롬, 스웨덴 국립박물관
베르크는 1880년대 초 파리의 정신병원에서 이루어진 최면술 실험을 직접 관찰한 뒤 이 그림을 그렸다.

심령주의에 주목했다. 죽은 자와의 대화가 이단적인 사술이 아니라 영적 교감의 차원에서 가능한 일이라면 마가렛과 케이트의 심령술이 악마술로 비춰질 위험도 그만큼 줄어들 것이었다.

당대 미국에서는 심령주의에 대해 일반인들의 관심이 고조되어가는 분위기였다. 18세기 중반 산업화, 도시화가 가속되면서 근대화의 부작용도 양산되었다. 도시화의 진행과 함께 늘어난 것은 빈민과 질병이었다. 도시가 급속도로 늘어난 인구를 감당하지 못했을 뿐만 아니라 위생과 주거시설의 미비로 질병의 온상이 되어버린 것이다. 따라서 발전과 개발의 이면에는 언제나 죽음이 도사리고 있었다. 특히 신생아, 아동, 임산부 사망률이 높아 가족을 잃은 슬픔과 상실감이 도시를 지배했다. 산업화, 도시화의 어두운 이면을 목도한 진보적인 사회운동가나 여성운동가들은 프로테스턴티즘이 장악한 종교적 세계관만으로는 부족함을 느끼고 개인주의를 넘어선 공동체적 개혁, 가부장적 사회를 넘어선 모성주의 가치의 실현 같은 슬로건을 제시했다. 교회 개혁과 각종 사회개량운동에 임했던 진보적 퀘이커교도나 여성의 정치적 권리 신장, 낙태의 합법화와 모성 권리의 강조 등을 외쳤던 1세대 여성운동가들이 바로 그들이었다. 물질보다 영적인 세계를 중시하고 영적인 수행을 통해 진리로 나아가려는 심령주의에 진보적인 정치세력은 열광했다. 물질과 현세에 갇힌 세계만을 보여주던 프로테스턴트적 자본주의 정신에 대해서 심령주의는 정신과 사후세계라는 대안을 보여주었던 것이다. 그들에게는 심령주의 자체가 대안과 개혁의 표상이었다.

마가렛과 케이트의 첫 교령회가 로체스터의 진보적 퀘이커교도의 집에서 이루어진 것은 어쩌면 필연적인 만남이었을 것이다. 당대의 로체스터는 운하건설과 함께 도시화가 급속하게 진행되어가던 중이었고 그만큼 사회문제, 도시문제도 늘어났다. 팍스 집안의 오랜 친구였던 에이미와 아이작 포스트는 심령술에 대한 미심쩍음을 최초의 교령회 이후 말끔하게 털어버리고 팍스 자매의 심령술에 열렬한 지지자가 되었다. 원탁에서 손을 마주잡은 교령회에서 팍스 자매가 영혼을 부르자 어딘가에서 똑똑하는 소리가 났던 것이다. 그들은 병으로 잃은 아이들이 돌아왔다고 믿었다. 몇 번의 교령회가 거듭되면서 팍스 자매의 유명세는 곧바로 로체스터 전역으로 퍼졌고 사업수완이 좋았던 레아는 아예 강당을 빌려 입장료를 받고 심령술 공연을 진행했다. 모든 관객들이 팍스 자매의 심령술을 진짜라고 믿은 것이 아니었고 실제로 진위 검증을 위한 조사회가 나서기도 했지만 결정적인 사기의 증거는 찾아내지 못했다. 게다가 미디어 지상으로 퍼져나간 의혹은 팍스 자매의 유명세에 오히려 득이 되었다.

1850년 자매는 뉴욕시티(New York City)로 무대를 옮겼다. 두 소녀 영매는 여성 운동가 뿐만 아니라 맨하탄의 시인, 소설가, 비평가, 언론인 심지어 과학자들에게도 환영받았다. 바야흐로 심령주의의 시대가 도래했다. 유물론적 세계에 지친 지식인들은 심령주의가 제안하는 정신주의와 영적 세계에 매혹되었다. 어린 소녀였던 팍스 자매의 맑은 령이 영혼과의 교감을 가능하게 했을 것이라는 그럴듯한 분석이 나올 정도였다. 팍스 자매가 불씨를 당긴 심령주의 운동은 곧 뉴욕주의 경계를 뛰어 넘어 미국 전역으로 퍼져나갔다. 여기저기서 영매를 자처하는 이들이 등장했고 심령술에 대한 잡지도 창간되었다. 1854년 당시 심령주의자들의 통계에 의하면 미국 전역에 약 일이백만의 심령술 추종자가 있을 정도였다. 당대 심령주의에 심취한 유명한 지식인 중에는 진화생물학자 알프레드 러셀 월러스(Alfred Russel Wallace, 1823~1913)나 탐정소설 셜록 홈즈로 유명한 작가이자 의사 아서 코난 도일(Arthur Conan Doyle, 1859~1930)도 있었다.

그러나 심령술에 대한 열광은 그렇게 오래가지 못했다. 영매를 자처하던 심령술사들의 사기행각이 속속 드러나면서 심령주의를 추종하던 사회개혁세력들 뿐만 아니라 일반 추종자들도 심령주의를 이탈했다. 장난 어린 거짓말 때문에 얼떨결에 심령술사가 된 팍스 자매도 예외는 아니었다. 소녀들이 나이가 들어 중년의 여인이 된 1888년 무렵, 마가렛은 자매의 심령술이 거짓이었음을 언론에 발표했고 그 술

〈심령주의 교령회〉 베노 쿠나스, 1921, 에스 포 현대 미술관
19세기 미국을 비롯한 서양의 여러나라에서 심령주의가 확산 되었다. 이 같은 심령주의의 유행은
당시 급속한 산업화와 정신적인 문제들이 밀접한 관계를 맺고 있다.

법까지 상세하게 공개했다. 영혼을 불러내어 교감한 것이 아니라 자신의 발가락마디를 꺾어 소리낸 것이라는 고백은 허무하기 짝이 없었다. 이듬해 그녀는 자신의 진실고백을 철회했지만 다시 그 영험한 힘을 믿어줄 사람은 없었다. 마가렛과 케이트의 최후는 매우 비극적이었다. 한 때 뉴욕 사교계의 샛별로 부상해 성공적인 결혼생활까지 했던 그녀들은 인생의 말엽에 굶주림에 시달리다 죽었다.

롤러코스터 같은 팍스 자매의 인생은 팔할이 심령술을 위장한 사기행각이었다. 그러나 19세기 중후반 미국을 휩쓴 심령주의 열풍이 그녀들의 사기행각만으로 초래된 결과라면 너무 과장된 해석일 것이다. 팍스 자매는 분명 심령주의 유행에 불을 지핀 것은 사실이지만 이미 그 기저에는 급속하게 변동해가는 사회정치적 문제들과 새로운 세계관에 대한 수요가 존재하고 있었다. 심령술이 사람들을 매혹했던 것은 근대화 과정에서 초래된 도시문제, 도덕적 폐해, 계급과 성차별적 구조 등에 의해 고통을 받고 있던 그들에게 대안적인 비전을 제시했기 때문이었다. 심령주의 추종자들은 어쩌면 속았다기 보다는 속고 싶었는지도 모른다. 분신사바를 불러서라도 자신이 원하는 대답을 듣고 싶어 하는 여학생의 마음처럼, 실체가 없는 영적세계를 믿으면서 자신이 보고 싶은 것을 본 것이다.

심령술의 역사가 우리에게 보여주는 것은 영적 세계의 존재여부가

〈쾌락의 동산 | 오른쪽 부분〉, 히에로니무스 보쉬, 1500년경, 마드리드, 프라도 미술관
인간의 어리석음과 죄악, 최후의 심판을 주제로 하여 기묘하고 환상적인 그림을 그렸다. 종교적인 믿음과 미술, 점성술, 연금술에서 영감을 받아 그림을 그렸으며, 그의 그림은 20세기 초현실주의 화가들에게 상당한 영감을 주었다.

아니다. 믿고 싶어 하는 자의 욕망과 그가 처한 현실, 그 간극 속을 파고드는 '영혼'이라는 판타지다.

18세기 후반에 활동한 데번포트 형제 아이러 이래스터 데번포트(Ira Erastus Davenport, 1839~1911)와 윌리엄 헨리 데번포트(William Henry Davenport, 1841~1877)는 심령술로 미국과 전 세계 사람들을 깜짝 놀라게 하였다.

영혼의 캐비닛 묘기를 펼쳤던 형 아이러 이래스터 데번포트와 동생 윌리엄 헨리 데번포트.

손과 발이 묶인 데번포트 형제가 커다란 캐비닛 안으로 들어간 뒤 밖에서 문을 걸어 잠그면 조용해야 할 캐비닛 안에서 이상한 일들이 벌여졌다. 잠시 후 캐비닛 안에서 악기 소리가 났으며 구멍으로 알 수 없는 손이 나와 관중들의 옷을 당기기까지 하였다. 사람들은 믿을 수 없는 현상에 놀라 캐비닛 문을 열어 안을 확인했지만 데번포트 형제는 여전히 꽁꽁 묶인 채 였다.

관객들은 이 놀라운 묘기가 분명 영적인 힘에 의한 것이라고 생각했다. 분명 결박당한 채 묶여 있는 데번포트 형제를 눈앞에 두고 초자연적인 힘 이외에는 이 마술을 설명할 수 있는 방법이 없기 때문이었다.

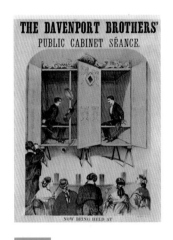

초자연적인 힘으로 악기를 연주하는
데번포트 형제의 마술 포스터.

미국 마술사인 데번포트 형제는 1854년부터 마술사로 활동 했지만 대중들의 관심을 받지 못하고 마술을 중단해야 했다. 그러나 팍스 자매의 이야기가 미국 곳곳을 떠들썩하게 뒤흔들며 심령술이 유행하자 데번포트 형제는 이 마술을 다시 무대에 올리게 되었다.

경찰을 그만둔 아버지가 매니저를 맡고 윌리엄 페이가 영입되면서 그들의 심령마술은 더욱 그럴싸하게 꾸며졌다.

손발이 묶인 채 캐비닛 안으로 들어가는 극적인 연출을 고안해 냈고 개신교 목사이자 영적인 가르침을 기반으로 교회환원운동(Restoration Movement)을 이끌었던 J. B 퍼거슨(Dr. J. B. Ferguson)도 마술을 도우며 공연장에서 데번포트 형제에게 신령한 힘이 내려졌다는 강변을 덧붙였다.

심령술의 유행과 기적을 행하는 마술사들의 등장에 미국 전역은 들끓게 되었다. 그들을 본 관객들은 트릭과 잔기술을 보여주는 마술사보다 심령력을 보여주는 그들의 마술이 훨씬 특별하다고 여겼고, 초자연적인 현상으로 받아들이는 사람도 많았다. 이후 형제는 10년간 미국에서 인기를 누리며 공연을 계속하게 되었고 심령술에 대한 인기가 시들해질 때쯤 다시 영국으로 무대를 옮기게 되었다.

영국에서도 그들의 인기는 한동안 여전 했다. 존 해리 앤더슨과 로베르－후댕 등 여러 마술사들이 데번포트 형제의 속임수를 폭로했지만 그들을 보러 오려는 관객은 줄지 않았다. 그러나 그들의 명성에 큰 먹칠을 하게 되는 사건이 일어나게 된다. 조수로 활동하던 아마추어 마술사가 데번포트 형제가 매듭을 풀 수 없도록 마술을 방해하여 공연을 망치자, 흥분한 관중들은 환불을 요구하며 경찰까지 출동하는 일이 벌어졌다. 이후 형제는 소문을 잠재우기 위해 유럽과 미국으로 공연을 떠났지만 연이은 폭로와 심령술을 흉내 내는 새로운 마술사들의 등장으로 인기는 점차 사그라들게 되었다.

1877년 미국 공연 중에 동생 윌리엄 헨리가 폐결핵으로 사망하였고, 18년의 은둔 끝에 재기를 노리던 아이러 이래스터는 1911년 뉴욕에서 생을 마감했다. 이래스터가 죽기 전 탈출 전문 마술사 후디니와 했던 인터뷰에서 그는 후디니에게 자신들의 마술은 심령술이 아니었으며, 개신교 목사 퍼거슨에 의해서 만들어진 연기의 일부라고 말했다.

마술과 섹슈얼리티, 매혹적인 여자들

탈출의
명수
해리 후디니

손에 꼽히는 훌륭한 마술사가 많지만 그 중 해리 후디니를 능가하는 이는 없을 것이다.

해리 후디니(Harry Houdini, 1874~1926)는 1900년부터 탈출 마술로 세계적인 명성을 얻으며 탈출의 명수, 마술의 일인자라 불렸다. 그는 손과 발에 수갑과 족쇄를 채운 채 위험한 상황에 뛰어들었지만 언제나 탈출에 성공하며 당당히 걸어 나왔고, 관객들은 그의 놀라운 능력에 환호했다.

탈출의 명수 해리 후디니. 그는 영화배우와 영화제작자로도 활동 했다. 1874~1926.

후디니는 가짜 영매나 사기꾼 초능력자들의 비밀을 밝혀내는 활동도 했다. 돌아가신 어머니의 영혼과 만나고 싶어 영매를 찾아갔지만 사기꾼이라는 것을 알게 되자, 사람들의 마음을 현혹하는 심령술을 타파하는 일에도 앞장서게 된다.

해리 후디니는 1874년 헝가리 부다페스트에서 랍비의 아들로 태어났다. 그는 1878년 부모님과 함께 미국으로 이민을 간 뒤 9살에는 공중그네 아티

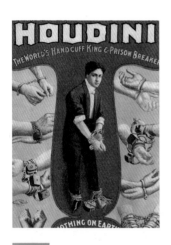

해리 후디니는 손과 발이 묶인 채 강물에 뛰어 들거나 '중국 물 고문실'에서 탈출하는 마술을 보였으며, 관에 들어가 땅속에 매장당한 채 1시간 30분을 견디는 기록을 남겼다.

스트로 데뷔를 하고, 11살에 밧줄 풀기와 자물쇠 따기를 익히며 일찍 부터 마술에 재능을 보였다. 그의 본명은 에릭 와이즈(Erik Weisz)였으나 열일곱 살에 책에서 당시 유명했던 프랑스 마술사 로베르－후댕의 이름을 발견하고는 그처럼 유명한 마술사가 되고자 자신의 성을 후디니로 바꾸었다.

청년이 된 후디니는 미국 전역을 돌며 순회공연을 시작했는데, 그는 1901년 '강물 탈출 묘기'로 단숨에 스타덤에 오르게 되었다. 그는 대중과 언론의 무한한 관심에 더욱 자극 받아 강도를 더하여 더욱 위험한 탈출 묘기를 시도하게 된다.

그가 고안한 대표적인 마술 중에 가장 인기를 끌었던 것은 강철로 만든 우유통에 웅크리고 들어가 물을 채운 뒤 뚜껑을 잠그면 탈출하는 마술이다.

중국 물 고문실 탈출 마술 사진. 거꾸로 매달린 채 물이 가득 찬 상자에 들어가 탈출하는 마술로 관객들은 후디니가 물에 잠기는 장면을 생생히 볼 수 있었다.

또 한 가지는 '중국 물 고문실' 탈출 마술로 중국에서 사용된 사각형의 고문 도구에 거꾸로 매달린 채 물이 가득 찬 상자에 들어가 뚜껑을 잠군 뒤 탈출하는 마술이다. 중국 물 고문실 탈출 마술은 상자를 유리로 만들어 물 속에 잠기는 장면을 관객들이 생생히 볼 수 있도록 했는데, 이는 만약 후디니가 탈출에 실패할 경우 그를 구출해 내기 위한 장치이기도 했다.

그러나 탈출의 명수 후디니도 죽음을 피해갈 수 없었다. 1926년 10월 몬트리올 맥길 대학교를 방문해 인터뷰 중 자신의 힘을 과시하다가 건장한 학생으로부터 강펀치를 맞게 되었는데, 그 후 이틀만에 복막염으로 죽게 되었다. 1926년 10월 31일, 그의 나의 52세였다.

후디니는 하나 밖에 없는 목숨을 마술의 도구로 활용하여 관객들을 매료시킨 마술사였다. 관객들이 공포와 흥분으로 상상의 최고조에 달할 때쯤 후디니는 흠뻑 젖은 모습으로 탈출을 해냈고 관객들은 죽음의 문턱에서 항상 생환하는 그에게 우뢰와 같은 박수를 보낼 수밖에 없었다. 후디니는 탈출이라는 자신만의 영역을 개척한 훌륭한 마술사 였으며, 탈출묘기를 마술의 한 분야로 정착시킨 진정한 선구자였다.

후디니는 새로운 마술을 만들기 위해 끊임없이 연습하였으며 자신의 목숨
을 담보로 탈출마술이라는 새로운 영역을 개척하고 정착시킨 선구자였다.

후디니는 마술사로서 최고의 명성을 얻게 되었을 쯤 1919~1923년 까지 다
섯 편의 영화를 직접 제작했다. 자신의 영화에서 탈출묘기를 선보이며 악
당들과 싸우는 주인공을 맡았다.

chapter.IV
마술쇼, 기상천외한 예술과 오락의 계보

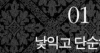

01
낯익고 단순하고
평범한 대상으로 창조된 환각 *illusion*

평범함의 쾌락

컵과 공 마술(Cups and Balls)

지금은 거의 사라졌지만 예전에는 사람들이 많이 모이는 시장통이나 골목길에 가면 화려한 손기술과 말솜씨로 이목을 끄는 존재가 반드시 있었다.

"날이면 날마다 오는 게 아닙니다. 돈 놓고 돈 먹기!"

이름하야 '야바위꾼'. 컵 세 개와 작은 공 혹은 주사위만 가지고 빠른 손놀림으로 주위에 모여든 구경꾼들을 현혹한다. 구경꾼들은 분명 눈 앞에서 벌어지고 있는 일인데도 어느 컵에 공이 들었는지 찾아낼 수가 없다. 야바위꾼의 손이 구경꾼들의 눈을 앞지르는 것이다.

야바위꾼의 "돈 놓고 돈 먹기", "애들은 가" 같은 고정 대사는 흡사 혼을 빼놓는 주문처럼 들리기도 한다. 야바위꾼의 손이 멈추면 구경 꾼들은 어디에 돈을 걸어야 할 지 결단을 내려야만 한다. 확신보다 가능성에 돈과 운을 거는 일종의 도박이다. 야바위꾼이 컵을 뒤집는 순간 구경꾼들 사이에 희비가 교차한다.

컵과 공 만으로 시장을 들었다 놓았다 하는 야바위꾼의 손기술은 사실 마술에서 가장 오래된 역사를 자랑하는 일종의 길거리 오락이 다. '오래된' 역사의 출발점은 무려 기원전 2000년부터 1700년대까 지로 거슬러 올라간다. 이집트 중왕국 시대로 불리는 당시 이집트 문 명의 발자취는 나일강 동쪽 연안의 베니하산(Beni Hasan)에 남아 있는 39개의 무덤과 벽화를 통해 오늘날에도 전해진다. 19세기 이집 트학의 아버지라고 불리는 존 가드너 윌킨슨 경(Sir John Gardner Wilkinson)은 1821년부터 12년 동안 이집트에서 체류하고 돌아와 다양한 여행기와 저작물을 남겼는데 1837년에 발표된 『고대 이집트 의 풍속과 관습(Manners and Customs of the Ancient Egyptians)』에서 베 니하산의 벽화를 들어 고대 이집트에 존재했던 '야바위' 풍습에 대 해 언급한다.

비교적 보존 상태가 양호한 무덤 중 하나였던 고대 이집트의 관료 바켓 3세(Baqet Ⅲ)의 무덤에는 수공예, 사냥, 레슬링 등을 포함하여

고대 이집트 중왕국 시대의 무덤 지구인 베니하산 제15호 바켓 3세의 무덤에서 발견된 벽화. 기원전 약 21세기의 것으로 추정된다.

당대 이집트인들의 일상적인 모습을 생생하게 기록한 벽화가 남아있었다. 그 중에서도 흥미로운 풍속을 짐작할 수 있게 해 주는 그림이 바로 이집트 남자 두 명이 서로 마주본 채 무릎을 꿇고 앉아있는 벽화이다. 각자 그릇을 거꾸로 하여 포개는 모습을 묘사한 이 벽화를 보고 윌킨슨 경은 자신의 책에서 고대 이집트에도 컵과 공 묘기의 시초격이라 할 수 있는 야바위 풍습이 있었을 것이라고 추정했다.

윌킨슨 경은 이를 가리켜 '심블리그(thimblerig)'라고 표현했는데,

골무를 가리키는 '심블(thimble)'은 당시 영국의 야바위꾼들이 컵이나 그릇 대신 자주 사용했던 재료였다. 무려 2000년 전의 이집트 벽화에서 19세기 영국의 저잣거리에서 흔히 볼 수 있었던 이른바 '심블 야바위'를 떠올린 윌킨슨 경은 과연 어떤 생각을 했을까? 인류는 문명의 탄생과 함께 남을 속이는 기술도 발전시켜왔다고 생각한 것은 아닐까? 혹은 노름이나 도박의 유혹에 쉽게 걸려들고 마는 인간의 향락주의가 문명과 함께 해왔음을 직감한 것은 아닐까?

야바위꾼의 속임수와 속는 줄 알면서도 한 번 더 희망을 걸어보는 노름꾼들 사이의 긴장감이 만들어내는 대중적인 오락거리 야바위는, 오늘날 미국과 유럽 등지에 '쉘 게임(shell game)'이라는 이름으로 남아있다. 골무나 컵 대신에 호두껍질을 사용한 것에서 유래한 이름이다. '돈 놓고 돈 먹기'로 대변되는 한국 시장통의 야바위 역시 일종의 '쉘 게임'이라고 할 수 있다.

컵과 공을 사용한 인류의 오랜 손기술은 고대 이집트부터 다양한 형태와 기술로 분화되어 왔다. 물론 교활한 야바위꾼의 노름 수단만으로 활용되어 온 것만은 아니다. 여러 개의 컵을 임의로 섞어 그 중 공이 들어있는 컵을 맞추는 형식의 야바위와는 달리, 공을 컵 속에서 사라지거나 나타나게 하는 손기술은 오늘날 '컵과 공(cups and balls)' 마술로 통칭되는 보편적인 장르로 발전했다. '컵과 공' 마술의 기원 역시 오래된 과거로 거슬러 올라간다. 로마제국의 마술사들은 '아케터불러 에 컬쿨리(Acetabula et Calculi)', 즉 컵과 돌을 가지고 거리에서 묘기를 선보였다. 로마제국의 붕괴 이후에도 여러나라로 분열된 유럽 곳곳에서 컵과 돌 마술은 다양한 형태로 대를 이어갔다. 이탈리아에서는 '지우코 디 부솔로티(Giuoco di bussolotti)'라고 불렸는데 '부솔로티'란 계량상자를 의미하는 것으로 당시 컵 대신 계량상자를 이용해 마술을 했던 것에서 연원한 말이다.

프랑스에서는 '요술쟁이'라는 뜻의 '에스카모테르(Escamoteur)'나 '노름꾼의 잔'이라는 뜻의 '주에르 드 고블레(Joueur de gobelets)'로 불렸으며 독일에서는 일명 '주머니 놀이꾼'이라는 '타셴슈필러(Taschenspieler)'로 불렸다. '타셰(Tasche)'는 독어에서 주머니를 뜻하는 말로, 당대 독일의 마술사나 노름꾼들이 묘기를 부릴 때 이용했던 주머니에 착안하여 붙여진 이름이었다.

르네상스 시대 중반 무렵에 활동했던 네덜란드의 괴짜 화가 히에로니무스 보쉬(Hieronymus Bosch)는 15세기 후반 플랑드르 지방(오늘날의 벨기에, 네덜란드 남부, 프랑스 북부를 일컬음)에서 일상적으로 행해지던 컵과 공 마술을 자신의 화폭에 담았다. 〈마술사(*The Conjurer*)〉라는 제목이 붙여진 아래 그림은 속고 속이는 사람들 사이의 긴장감이 우스꽝스러울 만큼 풍자적으로 담겨 있다. 그림의 정중

〈마술사〉
히에로니무스 보쉬 , 1502년 추정, 파리, 생 제르맹앙레 시립 미술관

앙의 테이블을 중심으로 오른쪽 편에 위치한 마술사는 오른 손에 구슬 한 개를 들고 있으며 테이블에 컵과 구슬이 더 놓여있는 것으로 보아 이 마술사가 컵과 공 마술 중이라는 것을 알 수 있다. 그림의 왼쪽 편에서 허리를 굽혀 얼빠진 표정으로 마술사의 구슬을 바라보고 있는 남자는 이 마술사에게 있어 최고의 관객이자 가장 멍청한 관객일 것이다. 이 불쌍한 남자를 속이는 건 비단 마술사 뿐만은 아니며 그의 지갑을 노리는 소매치기 한 명이 속고 속이는 관계의 중첩성을 대변한다. 한편, 대부분의 관객들의 시선이 마술사에게 향하고 있는 반면 테이블 밑에 웅크리고 앉아 있는 사내아이는 얼빠진 사내를 빤히 쳐다보고 있는데 그 얼굴이 마치 비웃는 것처럼 보인다. 마술사의 속임수에 빠져 돈을 잃은 자는 어린 아이에게조차 놀림감이 된다는 말은 당대의 플랑드르 속담에서 전해지는 말로, 보쉬는 아마도 이 속담을 어린 아이의 비웃는 얼굴에 응축해서 표현했을 것으로 짐작된다. 그림에 등장하는 동물들은 보쉬의 풍자화가 전하는 메시지를 더욱 맛깔스럽게 상징한다. 마술사의 바구니에 들어있는 올빼미는 그의 뛰어난 지능을, 반면 불쌍한 남자의 입 속에서 나오는 개구리 한 마리는 우둔함을 표현하는 대칭적인 소품이다.

컵과 공 마술을 통해 사람들을 현혹시키는 마술사는 당대 미술에서 매우 인기 있는 주제 중 하나였다. 그만큼 이 속임수 마술은 일상

〈마술사〉
발타사 반 덴 보스, 1550, 판화, 뮌헨 국립 그래픽 아트 컬렉션

에도시대 일본의 미술 도해서 『호오카센(放下筌, 1764)』에 실린 그릇과 구슬 마술 '오완또다마(お椀と玉)'의 그림 중 일부

생활에서 쉽게 접할 수 있는 풍경이자, 사람들이 일상적으로 얼마나 잘 속으며 살아가는지를 보여주는 날카로운 주제이기도 했다. 보쉬의 〈마술사〉는 이후 여러가지 작품으로 변주되었는데 1550년 경 플랑드르 지방의 판화가 발타사 반 덴 보스(Balthasar van den Bos)의 〈마술사〉도 그 중 하나였다. 판화로 개작된 〈마술사〉는 보쉬가 자신의 그림에서 차용한 구도, 의미, 상징성 등의 요소를 거의 그대로 보여주고 있다. 단, 보스의 판화는 이미 개구리가 입 밖으로 튀어나

와 버렸음에도 불구하고 알아채지 못하는 남자의 멍한 모습과 그의 지갑을 동시에 노리는 두 명의 남자를 과장되게 표현함으로써 보쉬가 의도했던 풍자적인 메시지를 더욱 강하게 전달하고 있다고도 볼 수 있다.

한편, 컵과 공 묘기는 비단 서구세계에서만 존재해왔던 것은 아니다. 10~13세기 중국 송대(宋代)에서 유래한 '선인적두(仙人摘豆)'는 콩이나 작은 진흙알, 나무구슬 같은 재료를 사용했던 마술로, 콩이 서로 다른 그릇을 넘나들게 한다든지, 그릇 속에서 없어지거나 나타나게 한다는 점에서 유럽의 컵과 공 마술과도 매우 비슷했다.

일본에도 '그릇과 구슬(오완또다마, お椀と玉)'이라고 불리는 컵과 공 마술이 있었는데 대중오락이 크게 번성했던 에도시대(江戶時代, 1600~1868)에는 길거리나 연회에서 자주 볼 수 있는 마술 장르로 발전했다.

인류 문명의 시작부터 전 세계에 걸쳐서 존재해 온 컵과 공 마술은 현대에도 여전히 인기 있는 마술 레퍼토리 중의 하나이다. 캐나다 출신의 마술사이자 저술가인 제임스 랜디(James Randi)는 자신의 저서 『제임스 랜디의 마술이야기』에서 컵과 공 마술의 백미가 그 '단순성'에 있다고 밝혔다. "낯익고 단순하고 일상생활에서 자주 부딪치는 대상으로 창조된 환각이 금빛 찬란한 용이 그려진 빨간 상자 같은 괴상한 소품을 사용한 마술보다 훨씬 더 호소력이 있고 효과적"이라는 랜디의 지적은 기이함 중의 기이함이 아니라, 평범함 중의 기이함이 관중들에게 주는 경이로움의 강도가 훨씬 크다는 것을 의미한다.

　도구의 평범성 뿐만 아니라 시장이라는 일상적인 공간에서 행해져왔던 컵과 공 마술의 공간성까지 감안한다면 이 마술은 그야말로 평범함 속의 쾌락 그 자체가 아닐까? 매일같이 마주하는 공간이라 할지라도, 매일같이 사용하는 도구일지라도 가끔은 다른 시각에서 바라보자. 굳이 마술사의 손기술이 아닐지라도, 당신을 현혹시키는 기이함이 그 평범함 속에 숨어있을지도 모른다.

뉘른베르크의 난장이 마티아스 부칭거

마티아스 부칭거(Matthias Buchinger)또는 매튜 부칭거(Matthew Buckinger)라고 불린 그는 당시 독일에서 제일 잘 나가는 예술가였다. 그는 백 파이프, 플루트 등 여러 악기를 능숙하게 다루었으며, 서예와 그림, 조각 미술 분야에도 탁월한 재능을 보였다. 그는 컵과 공 묘기와 같은 어려운 마술을 보이는 뛰어난 마술사였는데, 놀라운 것은 그는 양쪽 다리와 팔이 없이 태어났다는 것이다.

마티아스 부칭거, 1674~1740
그는 신체적 장애를 극복한 마술사다.

마티아스 부칭거는 보통사람들이 상상하기조차 힘든 신체적 장애를 안고 9명의 자녀 중 막내로 태어났다. 다리가 없어 그의 발은 몸통 바로 아래 붙어 있었으며 손톱이 없는 가느다란 손가락 두 개는 뭉툭한 팔에 붙어 있었다. 성인이 되어서도 그는 겨우 28인치 정도에 불과 했다. 그러나 그는 신체적 장애를 못 느낄 정도로 일상적인 일들을 스스로 해냈으며, 다방면에 다재다능했다.

마티아스 부칭거의 초상화에서 머리카락의 일부분을 확대한 모습. 그는 초상화에 자신이 좋아하는 성경구절과 찬송가를 세밀하게 그려 넣었다.

초상화와 풍경화에 능했던 그는 자신의 자화상도 직접 그렸다. 특히 그의 초상화 머리카락을 확대해 보면 성경구절과 주기도문이 쓰여져 있는 것을 알 수 있는 데 두 개 뿐인 손가락으로 그렸다고 믿기 어려울 정도의 섬세한 그림 실력이었다. 병의 입구로 작은 소품을 넣어 만드는 병 공예 작품들도 지금까지 전해져 내려오는데, 그에게 장애가 있었다는 것을 전혀 못 느낄 정도로 훌륭한 작품들이었다. 네 번 결혼을 해서 열 한 명의 아이를 낳을 정도로 결혼과 가정을 이루는 데 있어서도 부족함이 없었다. 이러한 집요한 노력과 삶에 대한 집념은 그를 마술사로서 또 한번 도전하게 하였다. 잔과 공, 카드 마술은 보통 사람들도 많은 연습이 필요한데 그는 능숙한 손놀림으로 대중들에게 이 마술을 보이며 즐거움을 주었다고 한다.

뉘른베르크의 난장이라 불렸던 마티아스 부칭거는 키가 70센티 정도에 불과 했지만 마술사 이외에도
연주자, 화가, 병 공예가로 활동했으며 네 번 결혼해 11명의 자녀를 두었다.

사람들은 선천적인 장애를 극복하고 마술사로서도 큰 명성을 누렸던 그를 사람들은 뉘른베르크의 난장이라 부르며 유명인사로 여겼다. 마티아스 부칭거는 모든 사람들이 불가능한 것이라 믿었던 장애를 극복하여 오히려 많은 사람들을 즐겁게 해주었던 긍지와 반전의 아이콘이었다.

카드마술, 마술의 도구가 되거나
사기의 수단이 되거나

손은 눈보다 빠르다

카드 마술(Card Trick)

"싸늘하다. 가슴에 비수가 날아와 꽂힌다."

"하지만 걱정하지 마라. 손은 눈보다 빠르니까."

최동훈 감독의 2006년 작 영화 〈타짜〉에 나오는 유명한 대사이다. 화투 도박을 소재로 한 이 영화에서 백미로 꼽힐만 한 마지막 도박판 씬. 영화는 주인공 고니의 입을 통해 긴장감이 가득한 공기를 전달한다. 손은 눈보다 빠르다. 나는 이 대사를 들었을 때 탁하고 무릎을 쳤다. 화투 도박의 세계에서만 통하는 명제가 아니다. 마술의 세계에서 마술사의 손은 그 어떤 관객의 눈보다 빨라야만 한다. 그렇지 않으면 마술은 마술로서의 정체성을 잃는다. 한 명의 관객이라도 그의 눈이

타로카드 : 마술사 카드

BATELUER는 프랑스에서 마술사를 가리키는 말이다. 한편, 타로카드도 15세기 중반 프랑스와 이탈리아에서 카드놀이의 한 종류로 발전하였으며 심령술이 유행한 18세기 말 무렵부터는 점복에도 사용되기 시작했다.

마술사의 손을 추적하게 된다면 그 마술은 더이상 놀라움의 세계를 보여주지 못하고 한갓 실패한 손기술로 추락해버릴 것이다.

화투는 일본에서 기원했다. 일본어로는 하나후다(花札), 꽃이 그려진 패라는 뜻이다. 일본에서 화투놀이가 시작된 것은 아즈치모모야마 시대(安土桃山時代) 즉, 16세기 후반 무렵으로 포르투갈 선교사가 가져 온 트럼프 카드가 그 기원이 되었다. 포르투갈어로 카드는 카르타(carta)라고 부르는데 하나후다와 동의어인 하나가루타(花ガルタ)의 '가루타'는 포르투갈어를 어원으로 한다. 트럼프 카드와 화투, 오늘날에는 그 모양과 게임의 종류가 매우 다르지만 기본적으로 네 쌍의 세트로 구성되어 있다는 점, 카드를 가지고 간단한 게임 외에도 마술이나 점복, 도박에 이용한다는 점 등의 공통점은 여전히 유효하다. 물론, 그러한 공통점은 우연한 것이 아니라 역사적으로 사람들이 이동함에 따라 문화와 물자도 함께 이동하면서 발생한 유산일 것이다.

흥미로운 것은 그러한 이동을 거슬러 올라가다 보면 카드의 기원은 다시 당나라 시대(618~907년)의 중국으로 향한다는 점이다. 유럽에 카드가 처음으로 들어온 것은 14세기 이후부터이니 중국에서 카드 게임에 관한 최초의 기록이 있은지 약 500년 이후에나 유럽 사람들이 카드를 접하게 되었다는 이야기가 된다. 중국에서 카드가 먼저 발달한 이유는 무엇일까? 여러가지 가설이 가능하겠지만 무엇보다도

기술발달의 문제를 간과해서는 안 될 것이다. 중국 후한(後漢) 시대 (25~220년)의 관리 채륜(蔡倫)이 발명했다고 전해지는 종이는 당대에 이르러서는 계층에 상관없이 보편적으로 제작, 사용되었다. 종이의 제작기술 뿐만 아니라 평민들도 종이를 쉽게 입수할 수 있을 정도의 보편화가 진행되었던 덕에 중국에서는 일찍부터 카드놀이의 물질적 요건이 갖추어졌다.

이후 종이 제작 기술과 카드놀이가 중국에서 유럽으로 전파되는 경로를 따라가보면 이집트에서 아프리카 북쪽해안을 거쳐 에스파냐로 유입된 것을 확인할 수 있다. 유럽 최초의 카드로 전해지는 오늘날 스페인 지역의 카드도 이집트를 거쳐 들어간 것으로 당대의 카드는 지금의 트럼프 카드와는 그 문양이 달라서 칼, 장대, 컵, 동전이 그려져 있었다고 전해진다. 이 문양은 11세기 경부터 이집트에서 제작, 사용되었던 네 벌짜리의 카드를 기원한 것으로, 오늘날의 남부유럽, 즉 스페인, 포르투갈, 이탈리아 등 일부 지역에는 여전히 이 전통문양이 그려진 카드가 남아있다고 한다.

오늘날처럼 스페이드, 하트, 다이아몬드, 클럽 문양이 들어간 트럼프 카드는 언제부터 출현했을까? 카드놀이는 지구를 돌고 돌아 서유럽에 상륙했는데 15세기 후반 무렵 프랑스에서 숫자카드와 그림카드가 결합된 카드가 등장한다. 본래 숫자카드와 그림카드 구성은 이집트 시대부터 존재했으나 프랑스에서 그 문양이 오늘날의 트럼프 카드처럼 바뀌었을 뿐 아니라 그림카드에 그려진 인물 또한 왕족과 시종을 표상하는 차원에서 왕과 기사, 왕자 혹은 하인으로 대체되었다. 16세기 무렵에는 이 프랑스식 카드가 도버해협을 건너 영국에까지 전파되면서 약간의 변형을 거쳐 오늘날의 트럼프 카드의 형태로 계승되기에 이른다.

14세기 경에 유럽으로 건너간 카드는 처음에 귀족들 사이의 놀이로 도입되었으나 종이의 대량 제작이 가능해진 이후부터는 카드놀이의 문화가 평민 사이에서도 유행했다. 카드놀이가 계급이나 신분의 벽을 허물기 시작한 것과 더불어 카드의 쓰임새도 다양해졌는데 대표적인 것이 바로 카드 마술이다. 물론 고대 이집트 문명에 기원을 둔 컵과 공 마술에 비한다면야 그 역사가 그렇게 깊다고는 할 수 없지만 카드 마술의 기원도 14~15세기로 추정되는 만큼 꽤 오래되었다고 할 수 있다. 컵과 공처럼 카드도 휴대성이 뛰어나고 마술사의 빠르고 정확한 손기술을 요하는 마술이기 때문에 카드 마술은 가장 일상적인 상황에서 놀라움을 선사할 수 있는 마술로서 오랜 세월 동안 사랑 받아온 장르 중 하나이다.

이탈리아의 바로크 미술을 개척했던 카라바조의〈카드 사기꾼 (Cardsharps)〉은 영화 타짜를 연상케 할 만큼 카드 게임에서 이뤄지는

〈카드 사기꾼〉
미켈란젤로 메리시 카라바조, 1594, 포트워스 킴벨 미술관

속임수의 세계를 절묘하게 담아낸 작품이다. 두 어린 소년이 테이블을 마주하고 카드 게임을 하고 있다. 그 사이에는 나이든 남자가 서 있는데 이 남자의 눈빛이 심상치 않다. 몸을 기울여 왼편에 그려진 소년의 패를 흘깃거리는 동시에 다른 편의 소년에게 수신호를 보낸다. 신호를 받는 소년의 손놀림도 재빠르다. 상대의 패를 알게 됨과 동시에 자신이 낼 패도 한결 쉽게 결정된다. 허리 뒤춤에서 카드를 꺼내 드는 '나쁜 손'은 짜고 치는 카드 게임에서 가장 필수적인 '손기술'을 상징한다.

카드 게임에서도 마술에서도 빠르고 정확한 손기술이 중요하다는 것은 앞에서도 이야기한 바이다. 사실 영어로 카드 사기꾼을 가리키는 'Card sharp' 혹은 'Card shark'은 도박판에서는 상대를 등쳐 먹는 사기꾼을 의미하기도 하지만 오로지 오락의 차원에서 카드 마술을 선보이는 마술사를 가리키기도 한다. 즉, 상황이 도박인지 아니면 오락인지에 따라, 혹은 손기술을 시연하는 자의 의도가 상대방의 돈을 갈취하려는 것인지 아니면 그들을 즐겁게 해주려는 것인지에 따라서 사기꾼과 마술사가 구별되는 것이다. 손기술이 날렵하기로는 매한가지이지만 사람의 선한 의도에 따라 카드는 마술도구가 될 수도, 사기의 수단이 될 수도 있다.

17세기 프랑스 바로크 시대의 화가였던 조르주드 라 투르 역시 같

〈에이스 카드를 든 사기꾼〉
조르주 드 라 투르, 1653, 파리, 루브르 박물관

은 주제와 비슷한 구도로 카드 게임의 절묘한 순간을 포착했다.

〈에이스 카드를 둔 사기꾼(*The Cheat with the Ace of Clubs*)〉은 카라바조의〈카드 사기꾼(*Cardsharps*)〉에서 소위 판을 더 키운 듯한 인상을 준다. 라 투르의 작품에 등장하는 인원은 총 네 명으로 그 구도가 매우 흥미롭다. 가운 데에 앉아있는 여성은 시녀로 보이는 여성에게 눈빛과 손짓을 보내며 은밀하게 무엇인가를 주문한다. 시녀가 술병과 술잔을 들고 있는 것으로 보아 오른 쪽에 앉아있는 순진한 청년에게 술을 권하여 그를 취하게 만들려는 수작인 듯 하다. 이 패거리에는 한 명이 더 있다. 왼쪽에 앉아 있는 남성은 무심한 표정을 하고 있지만 실은 허리 뒤춤에서 에이스 카드를 뽑아든다. 일을 도모하는 사기 도박단의 눈빛과는 대조적으로 청년의 표정은 평안하다. 이 모든 상황을 지켜보는 그림 감상자들은 아마도 순진무구한 표정이 바보처럼 느껴지기도, 혹은 애처로워 보이기도 할 것이다. 화려한 옷 장식과 머리 위의 깃털 장식이 그가 사기꾼의 호구로 선택된 이유를 설명해주는 듯 하다.

카드 마술 혹은 카드 사기는 주로 실내의 테이블 위에서 이루어졌지만 마술의 무대화 경향과 함께 19세기에는 무대 위에서 펼쳐지는 카드 마술쇼가 등장했다. 미국의 마술사 하워드 서스턴(Howard Thurston)은 '솟아오르는 카드 마술'로 카드의 왕(King of Cards)

〈노름꾼들〉, 매투 윌리엄 피터, 1840, 하버드 아트 뮤지엄

이라 불리며 유럽과 미국의 수많은 무대에 올랐다. 지금도 많은 유명 마술사들이 카드 마술로 자신의 커리어를 시작한다. 간단한 도구이지만 다양한 기술을 펼치기에 좋을 뿐만 아니라 휴대성도 좋아 마술이 이루어지는 조그만 실내 공간을 단숨에 환상의 세계로 바꾸어 놓을 수 있는 강력한 힘이 있기 때문이다. 오늘날에는 카드 마술의 원리를 관객들에게 직접 시연하는 쇼까지 등장하기도 했지만 재미있는 것은 관객들이 그 원리를 다 알고도 또 속게 된다는 것이다. 그만큼 손은 눈보다 빠르다. 아니, 마술사의 손이라면 응당 눈보다 빨라야 한다.

카드의
제왕
하워드 서스턴

　카드의 제왕, 마술사 하워드 서스턴(Howard Thurston, 1869~1936)은 스승인 해리 켈라와 함께 미국을 대표하는 세계적인 마술사이다. 그는 손끝에서 펼쳐지는 탁월한 카드마술로 미국과 유럽의 수많은 버라이어티쇼에 초대 되었으며, 40여 년 동안 전세계를 돌면서 6,000만 명 이상의 관객에게 공연을 펼쳤다.

카드의 제왕
하워드 서스턴, 1869~1936

　그러나 무대 위에서 수없이 화려한 공연을 펼쳤던 하워드 서스턴의 유년 시절은 몹시 불우하였다. 일찍 집을 나와 떠돌이 생활을 해야 했으며 철길의 표지판을 보고 겨우 글자를 익힐 정도로 힘든 시절을 보내야 했다. 우연히 마술 공연을 보고 난 뒤 그는 서커스단에 들어가게 되었다. 여러 마술사 밑에서 조수로 일하며 최고의 마술사가 되기를 꿈꾸지만 좀처럼 기회가 쉽게 찾아오지 않았다. 그러나 무대 위의 파트너이자 스승인 해리 켈라를 만나고 나서부터 그는 마술사로서 사람들에게 존재감을 알리기 시작했고, 전폭적인 지지 하에 스승을 뛰어넘는 높은 수준

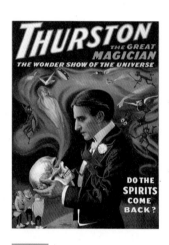

하워드 서스턴은 '솟아 오르는 카드 마술' 로 관중들을 열광시켰다.

의 마술을 선보일 수 있었다.

하워드 서스톤은 카드의 제왕이라 불릴 만큼 그의 카드 마술은 유명했다. 그는 마술사들의 조수로 일할 때부터 '솟아오르는 카드 마술'로 유명 마술사들을 깜짝 놀라게 할 정도였다. 서스턴은 쥐고 있는 한 벌의 카드에서 관중이 지시하는 카드가 공중으로 한 장씩 솟아오르는 마술 이외에도 여러 가지 형태의 카드 마술로 관중들을 열광시켰다. 당대의 수 많은 마술사들은 묘기를 따라하며 그의 명성을 따라잡으려 했지만, 서스턴만이 보여 줄 수 있는 기술과 동작은 어느 누구도 능가 할 수 없었다.

그가 세계적인 마술사가 될 수 있었던 것은 관객들을 대하는 성실함과 진실한 마음 때문이었다. 그는 관객을 매혹시키고야 말겠다는 신념으로 동작과 자세, 말투 하나까지 치밀하게 연습을 했다. 평범한 마술, 사소한 도구

하워드 서스톤은 스승 해리 켈라의 쇼와 망토를 넘겨받는 행운을 얻었지만 그는 성실함과 관객들을
대하는 진실한 마음으로 스승의 이름을 뛰어 넘는 마술사가 되었다.

하나로도 무대에서 더욱 빛이 날 수 있었던 것은 이러한 그의 신념과 노력이 빚어낸 결과였다.

그는 관객들과의 우정 또한 소중하게 생각했다. 대부분의 마술사들은 관객들을 우습게 여기며 '바보 같은 사람들을 또 속여봐야지' 라는 생각을 하지만, 그는 자신의 공연을 보러 온 감사한 관객들에게 최고의 공연을 보여주기 위해 무대에 오르기 전에 관객들을 사랑한다고 수없이 되뇌였다고 한다.

하워드 서스톤은 1936년 66세의 나이로 세상을 떠났다. 그가 죽은 후 그의 제자들은 그가 마술사로서 평생 지켜왔던 원칙들을 정리하여 '하워드 서스톤의 3원칙' 을 만들었으며, 이 원칙은 지금까지도 마술에 있어서 초석과 규율이 되고 있다.

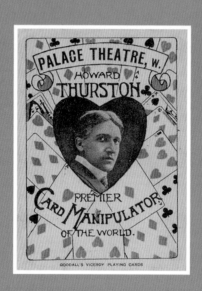

PALACE THEATRE, W.

HOWARD THURSTON

PREMIER CARD MANIPULATOR OF THE WORLD.

GOODALL'S VICEROY PLAYING CARDS

하워드 서스톤의 3원칙

1. 마술을 연기하기 전에 현상을 설명해서는 안 된다.
2. 같은 마술을 2번 반복해 보여서는 안 된다.
3. 마술의 비법을 공개해서는 안 된다.

03

**마술과 예술은 현실에 뿌리를 두고
새로운 것을 창조 *creation* 한다**

때로는 마술 같은 현실

마술적 사실주의(magic realism)

"집시들이 다시 돌아왔을 때, 우르슬라는 온 동네사람들에게 그들을 쫓아내라고 말했다. 그러나 마을사람들은 집시들을 두려워하기는 커녕, 그들이 가져온 온갖 신기한 악기를 쿵쾅거리면서 귀가 멍멍하도록 시끄럽게 돌아다니고, 선전하는 사람이 나씨안쎄네스에서 가져온 기가 막힌 물건을 보여주겠다고 떠들자, 오히려 궁금해서 모여들기만 했다. 그래서 그들은 모두 천막으로 가서 돈을 내고는, 번쩍이는 새 틀니를 끼워서 주름살이 사라지고 옛모습을 회복한 멜키아데스의 젊어진 모습을 구경했다. 괴혈병으로 문드러졌던 멜키아데스의 잇몸과 홀쭉한 뺨과 쪼글쪼글했던 입술을 기억하고 있던 마을 사람들은 이 집시가 보여주는 초인적인 마술의 증거에 겁을 내지 않을 수 없었다. 멜키아데스가 잇몸에 가지런히 박힌 이빨을 통째로 잡아 뽑아서 모여선 사람들에게 보여주었더니, 구경 온 사람들은 얼굴이 파랗게 질렸다. 틀니를 뽑으니 그는 다시 몇 년 전처럼 움퍽 늙은 모습으로 나타났고, 그가 다시 틀니를 입에 넣고 히죽 웃으니 젊음이 순식간에 그의 얼굴에 찾아왔다. 호세 아르카디오부엔디아 조차도 멜키아데스의 능력이 극한에 달했다고 믿었지만, 나중에 혼자서 그 집시에게 틀니의 이치에 대한 얘기를 듣고는 감격하고 흥분할 뿐이었다. 틀니가 어찌나 간단하고 신기하게 여겨졌던지 그는 그날 밤으로 연금술 시험에 흥미를 몽땅 잃고 말았다. 그는 또다시 방황했다. 그는 밥도 제대로 먹지 않고 하루 종일 말없이 집 안을 거닐면서 시간을 보냈다."

"참 믿을 수 없는 일들이 세상에는 많이 일어나고 있어." 그는 우르슬라에게 말했다. "여기서 우리가 당나귀들처럼 아무렇게나 살아가는 바로 이 순간에, 강 저 건너편에는 온갖 신기한 물건들이 나돌고 있단 말이야."

얼마 전 타계한 콜롬비아 출신의 작가 가브리엘 가르시아 마르케스(Gabriel Garcia Marquez, 1927~2014)의 대표작 『백년 동안의 고독(*One Hundred Years of Solitude*)』의 한 장면이다. 분량이 꽤 긴 인용임에도 불구하고 가급적 말줄임표 없이 이 장의 서두로 소개하고 싶었다. 마르케스의 수다스럽고도 유머스러운 필력이 잘 살아있는 장면일 뿐 아니라 '마술'에 대한 자신만의 독창적인 철학을 잘 담고

있기 때문이다. 소설의 무대가 되는 마콘도라는 마을에는 집시들이 오가며 진기한 물건들을 전한다. 위의 인용문처럼 틀니를 처음 본 마을 사람들에게는 틀니가 단순히 의학적인 보조기구가 아니라 젊음을 되돌려주는 마술 그 자체이다.

소설에 등장하는 예언자 멜키아데스는 '믿을 수 없는 일이 세상에 일어나고 있다' 며 마술과도 같은 세계에

가브리엘 가르시아 마르케스의 1967년 작 『백년 동안의 고독』 초판 표지.

감탄하면서도 작품 속에서 죽은 이후에도 살아있는 사람과 소통하는 유령이 되어 스스로가 마술적 세계를 체현하는 존재가 된다. 어쩌면 '참 믿을 수 없는 일들이 세상에는 많이 일어나고 있어' 라는 대사는 멜키아데스의 입을 빌려 마르케스가 독자들에게 전하는 말인지도 모른다.

믿을 수 없는 세계, 비현실적인 세계를 사람들은 흔히 '마술적' 이라고 표현한다. 현실에서 일어나지 않을 것 같은 일이 현실과 공존하는 기이한 현상은 마술사들이 관객들에게 보여주고자 하는 환상과도 맞닿아 있다. 20세기 초 예술 사조를 살펴보면 현실과 비현실이 공존

하는 세계관을 문학이나 회화 등을 통해 표현하는 예술가들이 등장하기 시작하는데 독일의 평론가인 프랑크 로(Frank Roh)는 이러한 사조를 통칭하여 '마술적 사실주의(magic realism)'이라고 불렀다. 오늘날 '마술적 사실주의'라고 하면 가장 대표적으로 떠오르는 장르는 라틴 아메리카 문학일 것이다. 1967년 노벨문학상을 수상한 과테말라 출신의 소설가이자 시인, 미겔 앙헬 아스투리아스 로살레스(Miguel Angel Asturias Rosales, 1890~1974)는 라틴 아메리카 문학자 중 최초로 자신의 작품 사조를 마술적 사실주의라 지칭했다. 그러나 마술적 사실주의 경향의 작품 중 대중적으로 가장 잘 알려져 있는 것은 위에서 인용한 마르케스의 『백년 동안의 고독』일 것이다. 신화와 주술적인 작품의 배경, 산 자와 유령의 공존, 공중부양, 노란 꽃비나 4년 넘게 그치지 않고 내리는 비, 꼬리 달린 아이, 감염자들을 건망증에 걸리게 하는 전염병 등 현실 저 너머에 있을 것 같은 사건들이 마르케스의 소설에 흘러넘친다. 그러나 흥미롭게도 마르케스 자신은 자신에게 '마술적'이라는 꼬리표를 붙이는 것을 거부했다고 한다.

서구인이 규정하는 '마술적' 세계는 식민주의와 군사독재의 폭력에 억압받아 온 라틴 아메리카의 현실을 그저 낭만적으로 포장하는 한편, 현실을 부정하는 계기를 제공한다. 그러나 나는 그것에 더하여 마술과 현실의 근본적인 관계에 대한 그의 사유가 '마술적 사실주의'의 '마술'을 거부하는 데로 나아갔다고 생각한다. 마술은 현실의 반대말인 '비현실'도, 현실을 넘어서는 '초현실'도 아니다. 믿을 수 없거나 믿고 싶지 않은 일들이 일어나고야 마는 현실에 대한 '자각' 이야 말로 마술의 본질을 이해하는 출발점이다. 마술은 현실의 일부 이지 그 타자도 외부도 아닌 것이다.

따라서 '마술적 사실주의'라는 예술사조는 지극히 날카로운 현실 자각에서부터 일어난 사조라고 할 수 있다. 그러한 사조에 동의한 작가들이 깊이 천착한 주제 중의 하나는 '인간의 고독'이다. 현대 문명과 이기주의에 의해 소외되어 버린 외딴 섬 같은 인간의 군상. 마치 고독을 숙명처럼 떠안고 살아가는 현대 인간의 자화상을 예술가들은 믿고 싶지 않지만 실제로 일어나고 있는 현실이라며 글로 쓰고 그림으로 그리며 깊이 슬퍼했다.

마술적 사실주의 작가로 잘 알려진 쿠바계 미국 화가 조지 투커 (George Tooker)의 작품 〈지하철(*Subway*)〉은 언뜻 보기에 평범한 지하철역 풍경을 담고 있는 듯 하다. 그러나 작품 속에 등장하는 인물 한 명 한 명을 살펴보면 어딘지 모르게 공포스럽다. 같은 공간 속에 있으면서도 서로 다른 곳을 바라보고 누군가는 벽 속에 혹은 창살 속에 갇혀있다. 투커는 작품을 통해 묻는다. 지하철로 상징되는 현대의 도시문명 속에서 사람들은 과연 '함께' 살고 있는 것일까? 조지

〈정부기관〉
조지투커, 1956, 뉴욕, 메트로폴리탄 미술관

투커의 다른 작품 〈정부기관(*Goverment Bureau*)〉역시 인간의 군상에 대한 묘한 시선이 느껴진다. 관료주의와 절차에 따라 통제되는 정부 기관은 단절된 세계로, 칸막이 안의 사람들은 똑같은 표정으로 바라볼 누구와도 뿐 소통하려 들지 않는다. 사람들은 일렬로 늘어서 그들의 지시를 기다리고 있지만 그들의 뒷모습에서는 난감함이 그대로 묻어난다. 발걸음을 돌리지 않고 대열에 합류해 씁쓸한 기다림을 시작하지만, 소통하지 못하는 거대 사회 속에서 개인들의 소외감은 더욱 깊어져간다.

서로에게서 소외되어 버린 채 각자의 공간을 만들어 살아가는 현대 인간의 고독은 이미 우리가 믿을 수 없을 만큼 일상생활로 파고들었다. 투커가 마술적 사실주의라고 부르는 것은 바로 그 무뎌질 대로 무뎌져 버린 현실감각이다. 한 공간에서 각자의 섬을 만들고 살아가는 믿을 수 없는 현실을 자각하기 위해서는 고독을 껴안고 살아가는 사람들의 기이하고 마술 같은 삶을 재현이라는 방식을 통해 환기하는 수 밖에 없다. 이때 예술은 현실의 비현실성을 일깨우는 통로가 된다.

마르케스와 투커가 환기하는 '고독'이 과연 현대사회에 대한 묵시록적인 비전일까? 나는 그 반대라고 생각한다. 아니, 그것은 태도의 문제이다. 우리가 처한 현실의 어두운 면을 마주 대했을 때 그로부터 도망쳐버리기 보다는 그 현실을 직시할 수 있는 용기와 결단이 뒤따

라준다면 믿을 수 없는 현실은 언제까지고 계속되지는 않을 것이다. 믿고 싶지 않은 현실이 어두운 마술적인 세계라면, 그러한 현실을 바꾸고자 하는 행동은 다른 차원의 마술적 힘이다. 밝은 미래로서 지향되는 마술적 세계는 사람들을 고독으로부터 벗어나 연대하게 하고 또다시 새로운 꿈을 꾸게 한다. 물론, 이때 마술적인 미래는 현실에 뿌리를 내리지 않은 얼토당토않은 환상적 세계라든지 타인에 의해 일방적으로 주어진 프로파간다적인 메시지여서는 안 될 것이다. 현실에 발을 붙이고 선 사람들이 자발적으로 결정하고 행동하는 태도야말로, 믿을 수 없을 만큼 '좋은', 마술 같은 미래에 한걸음 더 다가가기 위한 필수조건이다.

오늘날 마술사는 사람들에게 오락을 제공하는 직업일 뿐이라고 생각되는 경우가 흔하다. 그러나 '현실 속의 마술'이라는 마술의 본질적인 성격을 파고들다 보면 나를 포함한 마술사의 역할은 단순하게 사람들'을' 즐겁게 해주는 것이 아니라 사람들'과' 함께 즐기는 구성원이라는 답에 다다르게 된다. 마술쇼를 찾는 관객들이 어떤 마술에 즐거워하고 놀라워하며 마술쇼를 통해서 어떤 시간을 추구하는지를 고민하는 것은 마술사 개인의 쇼의 질을 높여 사리사욕을 채우고자 함은 아니다. 그보다 사람들의 감정에 공감해보고 일상에 지친 사람들의 여가를 즐거운 시간으로 꾸며주기 위해 노력하는, 다분히 공동

체적인 실천이라고 자부한다. 현대의 상업화된 마술쇼와 예술사조로
서의 마술적 사실주의가 정의하는 '마술'이라는 열쇠말은 서로 다른
의미이겠지만 본질적으로 마술이든 예술이든 현실에 속한 활동이라
는 점에서, 그리고 마술과 예술 모두 현실에 뿌리를 두면서 새로운
것을 창조해간다는 점에서 닮아있음은 틀림없다. 그런 의미에서 현
실의 고독이라는 절망에 빠지지 않고 연대감이 만들어나갈 새로운
유토피아적 현실을 꿈꾼 마르케스의 희망은 마술사인 나에게도 주는
울림이 크다. 1982년 노벨문학상을 수상한 마르케스의 수상연설의
한 부분을 인용하며, 이 장을, 그리고 이 책을 마친다.

Gabriel Jose de la Concordia Garcia Marquez

"인류의 전 역사를 통해 단순히 유토피아처럼 보였던 이런 가공할만한 현실 앞에서, 모든 것을 믿는 우화의 창조자들인 우리는 아직도 그것과 반대인 유토피아를 창조하는 작업을 실행하기에 늦지 않았다고 믿을 권리가 있다고 생각합니다. 그것은 삶의 새롭고 활짝 개인 유토피아이며, 그곳은 아무도 타인을 위해 심지어는 어떻게 죽어야 한다고 까지 결정을 내릴 수 없는 곳이며, 정말로 사랑이 확실하고 행복이 가능한 곳이고, 백년 동안의 고독을 선고 받은 가족들이 마침내 그리고 영원히 이 지구상에 새로운 기회를 가질 수 있는 곳입니다."

그림 속 마술,
진실과 착각 속에
재미난 환상

그림 속에 젊은 부부는 서로에게 슬며시 기대 있다. 손에는 아름다운 꽃이 들려 있으며 돌을 쌓아 올린 성곽 뒤로 둥그렇게 보이는 밖의 풍경은 어슴푸레하게 두 부부를 감싸고 있다. 평화롭고 따뜻해 보이는 이 그림 속에는 또 하나의 그림이 숨어 있다. 바로 섬뜩하게 앞니를 내 보이며 웃고 있는 해골이다. 눈에 보이는 행복한 그림 속에 미소를 지을 뻔했지만, 슬며시 정체를 드러내는 해골의 모습에 깜짝 놀라게 된다.

리본이 달린 모자를 쓴 소녀와 할머니.

아름다운 소녀가 그려진 그림을 보고 있노라면 긴 머리를 늘어뜨린 그녀의 얼굴이 궁금하다. 티 없이 맑고 청순할 것 같은 그녀에게 은은한 꽃향기가 날것 같다. 흘러내린 귀밑머리를 살며시 쓸어 넘겨주고 싶지만, '아이고 깜짝이야!' 콧등이 길게 휘어진 매부리코의 늙은 할멈이 나온다.

이 그림 속에는 행복하고 따뜻하지만 무섭고 섬뜩한, 젊고 아름답지만 늙

256

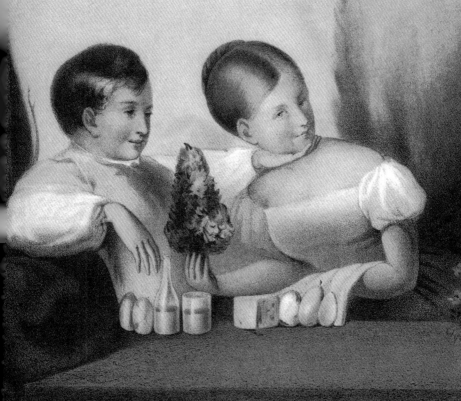

<꽃과 부패>, 1860년에 그려진 착시화

BLOSSOM AND DECAY.

고 추한 이미지가 공존하고 있다. 전혀 어울리지 않을 것 같은 상반된 두 가지의 그림이 슬그머니 옷을 갈아 입듯 신기한 요술을 부리고 있다. 마치 마술사를 뚫어져라 한참 쳐다보고 있다가 순간 '어떻게 된 거지?' 하며 놀라듯 그림들은 진실과 착각 속에 재미난 상상들을 불러일으킨다.

이 그림은 착시 현상(Optical illusion)을 이용한 그림들이다. 사람의 눈은 직관적으로 많은 정보들을 수집하는데, 이렇게 모은 정보들이 뇌를 통해 재구성 될 때 우리의 눈은 주변의 정보와 영향으로 실제와 다르게 인지를 하는 착시 현상을 일으키게 된다.

착시 현상은 실제 마술에서도 많이 활용되고 있다. 생리적 착시(빛과 눈과 뇌에 특정한 자극을 주어 발생하는 착시 현상), 인지적 착시(무의식과 뇌의 영향에 의해 다르게 느껴지는 착시 현상)를 이용하여 물체의 부분 또는 전체를 사라지게 하거나 빠른 손놀림에 의한 트릭에 이용된다. 관객들은 빤히 바라보고 있었음에도 불구하고 속임수를 눈치 챌 새 없이 순간적으로 신기한 현상을 목격하게 되는 것 또한 이 때문이다.

그런데 이러한 착시 현상을 이용한 그림은 언제부터 그리기 시작한 것일

〈베르툼누스〉, 1590
주세페 아르침볼도, 스톡홀름, 스코클로스터 성.

까? 서양 미술사를 거슬러 올라가면 16세기 당혹스런 그림을 그렸던 화가가 있다. 바로 궁정화가였던 주세페 아르침볼도(Giuseppe Arcimboldo)로, 그는 과일을 모아서, 책들을 쌓아서, 야채들을 조합해 왕의 초상화를 그렸다. 그는 신성로마제국의 황제인 루돌프 2세의 초상화를 제작하는 임무를 부여 받았는데, 당시 대부분의 궁정화가들은 군주를 영웅이나 신, 성자로 묘사하였다. 그러나 아르침볼도는 백성들이 경외하는 계절의 신 베르툼누스(Vertumnus)로 부터 영감을 얻어 황제의 초상화를 과일, 곡식, 야채, 생선 등으로 묘사하였다. 그는 백성들이 왕의 초상화를 보며 풍요와 수확을 꿈꾸고, 대지의 신처럼 왕을 존경하기 바랐던 것이다.

한 그림 안에 두 가지 그림이 담겨 있는 주세페 아르침볼도의 그림은 진

〈채소 기르는 사람〉, 1590
주세페 아르침볼도, 크레모나, 알라 폰
초네 시립박물관.

실과 착시 현상 사이의 재미난 상관관계를
발견하게 한다. 일반적인 왕의 초상화를 그
렸다면, 왕의 권위만 내세운 평범한 그림에
지나지 않았을 것이다. 그러나 재미난 상상
이 덧붙여진 황제의 초상화는 백성과 임금
모두에게 재미와 웃음을 주었을 뿐만 아니
라 그림이 보여주는 환상으로 더 큰 행복과
희망을 꿈꾸게 한다.

마술 또한 마찬가지 이다. 마술사의 손을
들여다보며 진실과 착각을 구분지으려는 사
람은 정작 그 마술이 보여주고자하는 행복
함과 즐거움에 대한 진실은 밝혀내지 못한다. 주세페 아르침볼도가 백성들
에게 보여 주려했던 행복한 착각처럼 마술 속에 담긴 환상을 있는 그대로
받아들인다면 눈에 비친 세상을 더 넓고 깊은 혜안으로 바라볼 수 있을 것
이다.

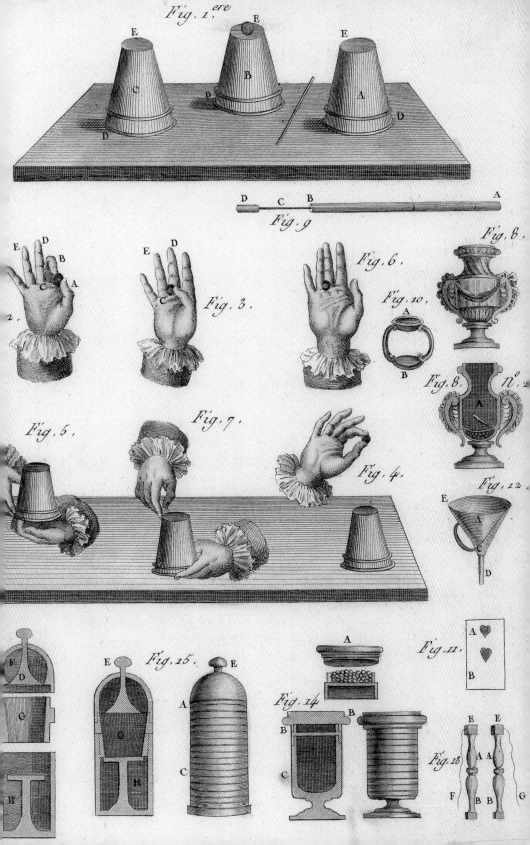

Fig. 1.ere

Fig. 9.

Fig. 2.

Fig. 3.

Fig. 6.

Fig. 10.

Fig. 8.

Fig. 8. n.º 2

Fig. 5.

Fig. 7.

Fig. 4.

Fig. 12.

Fig. 11.

Fig. 13.

Fig. 15.

Fig. 14.

Fig. 18.

참고문헌

1 <The Fox Sisters : Spiritualism's Unlikely Founders> (http://www.historynet. com/the - fox - sisters - spiritualisms - unlikely - founders.htm)

2 Anglo-Indian."INDIAN JUGGLERS." Chambers's Journal of Popular Literature, Science and Arts, Jan. 1854 - Nov. 1897, 1: 38 (Sep 20, 1884): 604 - 606.

3 Braude, Ann. Radical Spirits : Spiritualism and Women's Rights In Nineteenth - century America. Boston, Mass. : Beacon Press, 1989.

4 Facos, Michelle. Nationalism and the Nordic Imagination : Swedish Art of the 1890s. Berkeley, Calif.: University of California Press, 1998.

5 Hargrave, Catherine Perry. A History of Playing Cards and a Bibliography of Cards and Gaming. Boston and New York: Houghton Mifflin Co., 1930.

6 Houdini, Harry. The Unmasking of Robert - houdin. New York : Publishers Printing Co., 1908.

7 Jones, Graham. "Modern Magic and the War on Miracles in French Colonial Culture." Comparative Studies in Society and History, 52:1 (2010): 66 - 99.

8 Lamont, Peter and Bates, Crispin. 'Conjuring images of India in nineteenth - century Britain,' Social History, 32: 3, (2007): 308 - 324.

9 Noel Daniel ed, Magic : 1400s - 1950s, Taschen; Slp Mul edition, 2013.

10 Robert - Houdin, Jean - Eugene, Memoirs of Robert - houdin : Ambassador, Author, and Conjuror. 2d ed. London : Chapman and Hall, 1860.

11 Steinmeyer, Jim. The Glorious Deception : The Double Life Of William Robinson, Aka Chung Ling Soo, The "Marvelous Chinese Conjuror." New York : Carroll and Graf Publishers, 2005.

12 Albert D. Schafer, ILLUSIONOLOGY, Candlewick Press, 2012.

13 Mark Wilson, Mark Wilson's Complete Course in Magic, Running Press Book Publishers, 2002.

14 가브리엘 가르시아 마르케스, 『백년 동안의 고독』, 안정효 역, 문학사상사, 2005.

15 리처드 킥헤퍼, 『마법의 역사』, 김헌태 역, 서울: 넥서스, 2003.

16 송병선 편역, 『가르시아 마르케스』, 문학과지성사, 1997.

17 에드워드 W. 사이드 지음, 『오리엔탈리즘』, 박홍규 옮김, 교보문고, 2007.

18 제임스 랜디, 『제임스 랜디의 마술이야기』, 윤승현 역, 서울: 동학사, 1994.

19 윤운중, 『윤운중의 유럽미술관 순례』, 모요사, 2013.

20 이석우 감수, 『세계 명화 감상』, 지경사, 2005.

21 하니레이저, 『도해 근대마술』, 에이케이커뮤니케이션즈, 2012.

호모매지쿠스 마술적 인간의 역사
그림 속으로 들어간 마술사들

초판 인쇄 2015년 2월 26일
초판 발행 2015년 3월 6일

지은이 오은영
펴낸이 정용철
책임편집 김보현 이경희

펴낸곳 도서출판 북산
등록 206-92-49907호 2010년 3월 10일
주소 135-840 서울시 강남구 역삼로 67길 20, 201호
전화 02-2267-7695 팩스 02-558-7695
전자메일 booksan25@naver.com
홈페이지 www.glmachum.com

ISBN 979-11-85769-01-1 03900